진짜 처음부터
알려주는
코린이 가이드북

CPC가 설계한 구조 기반 생존형 투자 입문서

윤영준

CRYPTO
PLAN
CLOUD

발행일 2025년 4월 30일
지은이 윤영준

편집인쇄 디자인센터산
등록번호 제 2024-000003호
전화 032-424-0773

ISBN 979-11-991388-1-0

※이 책을 무단 복사 복제 전재하는 것은 저작권법에 저촉됩니다.

"나는 단순한 창업자가 아니다.
구조를 설계한 사람이다"

나는 이 시장의 맨 바닥에서 출발했다
누구나 처음은 낯설다. 하지만 내 시작은 그 이상이었다.
나는 이 시장을 밖에서 구경하다 들어온 게 아니라,
가장 거친 구역 안에서부터 시작했다.
정보 없이 '사라니까' 사고
누군가의 수익 인증을 보고 따라 들어갔고
구조는 모르면서, 방향만 믿고 질렀다
그 결과는? 운이 좋으면 수익, 대부분은 손실
그러다 보니 처음엔 이런 생각이 들었다.
"그냥 내가 감이 없나 보다."
"투자는 원래 이렇게 어려운 건가?"
하지만 시간이 지나며 깨달았다.

문제는 내 감이 아니라,
'판단할 수 있는 구조'가 없었다는 사실이었다.

이 책은 지식서가 아니라 구조 안내서이다
내가 원하는 건 단순한 코인 소개가 아니다.
이 책은 용어나 차트만 나열하는 입문서가 아니다.
나는 **"이 시장에서 살아남기 위해
무엇을 알고, 무엇을 피해야 하는지"**를 알려주고 싶었다.
정보는 어디에나 넘쳐난다.
하지만,
누가 맞는 말을 하는지
왜 이걸 사야 하는지
언제 들어가고 어떻게 나와야 하는지
정작 '판단의 기준'은 아무도 알려주지 않았다.
그래서 나는 이 책을 쓰기로 했다.
정보가 아니라,
"판단의 기준"을 알려주는 책.
차트가 아니라,
"생존 전략"을 정리한 안내서.
그리고 무엇보다,
'같이 판단할 수 있는 구조'를 보여주는 책을.

01
"사기를 피한 사람만이, 구조를 설계할 수 있다"

나는 단순한 관찰자가 아니었다

코인을 단지 이론으로만 이해한 것이 아니다.
나는 시장 한가운데, 가장 회색에 가까운 구역에서
직접 겪고, 흔들리고, 판단을 해봤던 사람이다.
P2P 장외거래로 상장가보다 훨씬 낮은 가격에 거래되는 코인을 눈앞에서 봤고
파이코인처럼 한때 폭발적인 관심을 받은 코인의 흥망도 지켜봤고
쿼라니움처럼 빠르게 퍼지는 비상장 프로젝트의 정보 흐름과 내부 구조도 직접 경험했다
처음엔 '좋아 보이면 들어가고, 사람들 말 들으며 움직이는'
전형적인 초보자였다.
그런데 이상했다.
같은 정보를 보고도, 어떤 사람은 벌고
어떤 사람은 끝까지 물린다.
왜일까?

정보는 있는데, 구조가 없다

문제는 "정보의 유무"가 아니었다.
지금 세상은 너무 많은 정보가 있다.
뉴스, 유튜브, 텔레그램, 커뮤니티, SNS…

**문제는 정보가 아니라,
정보를 '보는 구조'가 없다는 것이었다.**
어떤 정보가 진짜인지
이 뉴스가 가격에 어떤 영향을 줄지
이 프로젝트의 로드맵이 현실성 있는지
지금 진입해도 되는 시점인지
**이걸 연결해서 판단할 수 있는 구조가,
그 누구에게도 없었다.**

그래서 나는 CPC를 만들었다
CPC는 단순히 투자 정보를 모아둔 곳이 아니다.
나는 이렇게 정의한다:
"CPC는 정보 격차를 해소하는 '판단력 플랫폼'이다."
정보를 잘 모르는 사람에게 '정제된 구조'를 보여주고
시장을 해석하지 못하는 사람에게 '투자 언어'를 가르치고
고립된 투자자에게 '같이 판단할 수 있는 시스템'을 제공한다
"이 시장은 냉정하다. 하지만 구조만 있다면, 우리는 살아남을 수 있다."
– CPC 대표 윤영준

02
"CPC는 방향을 알려주는 나침반이다"

코인은 생존의 기술이다
나는 코인을 단순히 투자 수단으로 보지 않는다.
이건 새로운 시대의 '생존 언어'이자 '정보 격차를 뛰어넘는 무기'다.
은행 이자가 2%일 때,
어떤 사람은 코인으로 한 달에 20%를 벌기도 하고
주식 시장이 횡보할 때,
어떤 사람은 NFT나 디파이로 수익을 낸다
그러나 정보 없이 진입한 사람에겐,
이 모든 게 '기회'가 아니라 '덫'이 된다.

왜 사람들이 반복해서 당하는가?
처음엔 단순히 몰라서당하는 줄 알았다.
하지만 더 깊이 들어가면서 깨달았다.
정보는 넘치고
영상도 많고
커뮤니티도 꽉 찼는데
왜 사람들은 계속해서 '같은 방식'으로 물리고 잃는 걸까?
답은 간단하다.
"정보는 있는데, 정보를 판단할 수 있는 구조가 없기 때문이다."

내가 이 책에서 진짜 하고 싶은 말

당신이 단순히
"코인은 비트코인, 이더리움 같은 거야"
"업비트에서 사면 돼"
"차트는 이렇게 보면 돼"
이런 걸 익히고 끝났으면 하지 않는다.
나는 당신이
자기 기준을 만들고,
자기 판단으로 움직이는 투자자가 되기를 바란다.
이 책은 그 첫 번째 구조다.
단순한 입문서가 아니라,
'판단력 훈련서'로 쓰여진 책이다.

03
이 책을 읽는 당신에게

코인이 처음이라면,

여기서 구조를 익히고 출발하라.
이미 시장에 진입했지만 흔들리고 있다면,
이 책에서 다시 기준을 잡아라.
누군가의 말이 아닌,
스스로의 판단으로 투자하고 싶다면,
이 책의 흐름을 따라와라.

"이 여정은 단순한 투자가 아니다.
이건 '판단력'으로 무장한 사람만이 살아남는 탐험이다."

윤영준

프롤로그
"나는 단순한 창업자가 아니다. 구조를 설계한 사람이다"   7

01 사기를 피한 사람만이 구조를 설계할 수 있다   9
02 CPC는 방향을 알려주는 나침반이다   11
03 이 책을 읽는 당신에게   13

1장   코인은 금융이 아니라 생존의 언어이다

01 "왜 지금, 코인을 반드시 알아야 하는가"   23
02 코인이 바꾸는 세상: 국가, 금융, 개인   26
03 코인을 모르면 어떤 기회를 잃게 되는가   29
04 코인은 투자 이전에 '이해력 싸움'이다   32
05 디지털 자산화 시대, 구조를 모르면 자산을 잃는다   35
06 정보는 누구나 볼 수 있다. 하지만 해석은 아무나 못 한다   38
07 패턴은 반복되고, 구조는 그것을 멈추게 한다   41
08 코인을 대하는 태도가 당신의 금융 미래를 만든다   44

진짜 처음부터 알려주는 코린이 가이드북
— CPC가 설계한 구조 기반 생존형 투자 입문서 —

2장 용어가 보이면 시장이 보인다

01	"단어 하나를 모르면, 기회를 통째로 놓친다"	49
02	비트코인, 이더리움, 알트코인 – 시장의 언어 구조	52
03	디파이, 스테이킹, 지갑 – 단어 속에 구조가 있다	55
04	거래소의 구조를 모르면, 손해는 반복된다	59
05	온체인, 백서, 스마트계약 – 말보다 데이터가 진실이다	62
06	NFT, DAO, 런치패드 – 구조를 먼저 이해하라	66
07	이제는 눈으로 믿지 말고, 블록체인에서 확인하라	70
08	용어는 당신의 판단력에 날개를 달아주는 도구다	73

3장 거래소 완전 입문 – 가입부터 매수까지

01	"처음 코인을 사는 당신에게, 구조부터 알려드립니다"	79
02	매수 버튼을 누르기 전에 꼭 알아야 할 것들	82
03	코인을 사고 나면, 이제 뭘 해야 하지?	85
04	"코인을 샀다고 끝이 아니다 – 진짜 관리는 지금부터 시작된다"	88
05	수익보다 먼저 지켜야 할 것은, 당신의 지갑이다	91
06	모르면 물어라, 그러나 같은 실수는 반복하지 말자	94
07	코인은 선택이 아니라 구성이다 – 포트폴리오의 힘	98
08	매수와 매도, 그리고 투자자의 자가 진단법	101

4장 초보자가 빠지는 흔한 실수, 구조로 막을 수 있다

01	리딩방과 단톡방, 그 감정 구조를 꿰뚫어보라	107
02	따라만 가는 투자, 반복되는 손실	110
03	손절을 못하는 이유는 기준이 없기 때문이다	113
04	감정이 전략이 되는 순간, 구조는 무너진다	116
05	실전 사례: 흔한 3가지 코린이 실패 시나리오	120
06	반복을 멈추는 구조, CPC 회원의 실제 적용기	124
07	코린이 생존 원칙: 감정 통제는 구조가 만든다	128

5장 정보는 무기다 – 해석력 훈련법

01	정보는 넘치고, 진짜는 너무 적다	133
02	루머의 패턴, 사기의 언어	137
03	뉴스 한 줄, 어떻게 해석해야 하는가	141
04	실전 정보 필터링 체크리스트	145
05	CPC 회원의 실제 해석 전략 공유	149
06	판단의 틀을 갖춘 사람만이 정보 속 기회를 본다	153
07	정보 해석자의 시대가 온다	156

6장 온체인은 거짓말하지 않는다

- 01 온체인의 개념과 투자자 입장에서의 중요성   163
- 02 지갑 조회와 락업 확인 – 확인은 생존이다   167
- 03 NFT 민팅과 매집 추적 – 실전 사용 예시   171
- 04 도구 소개: Etherscan, Nansen, Dune 등   175
- 05 CPC가 알려주는 온체인 활용법   179
- 06 온체인 사기 방지 실전 사례 분석   183
- 07 당신도 온체인으로 진실을 보는 투자자가 될 수 있다   187

7장 CPC가 설계한 투자 생존 구조

- 01 과거 회색지대에서 얻은 교훈   193
- 02 시장 구조의 민낯, 사기성 구조를 마주한 순간   197
- 03 피해자가 아니라, 시스템 설계자가 되기로 결심하다   201
- 04 CPC의 철학 – 정보 격차 해소 플랫폼   205
- 05 우리가 만든 구조는 어떻게 다르게 작동하는가   209
- 06 회원 사례로 보는 CPC 생존 구조의 실제   212
- 07 이 책을 쓰게 된 진짜 이유 – 구조의 언어를 나누기 위함   215

8장 사기 유형의 구조와 실전 분석

01	책을 쓰게 된 진짜 이유 – 구조의 언어를 나누기 위함	221
02	수수료와 회전의 미로 – 내부자 구조 해설	225
03	그 조직 안에서 배운 구조, 빠져나온 이유	228
04	지금 CPC는 무엇을 다르게 만들었는가	231
05	실제 사기 피해자들의 케이스 분석	235
06	투자자 입장에서 반드시 피해야 할 신호들	239
07	구조를 아는 자만이 사기를 피할 수 있다	243

9장 코린이가 진입 전에 반드시 읽어야 할 이야기

01	나는 왜 정보가 없으면 살아남기 어렵다고 느꼈는가	249
02	P2P, 장외시장, 비상장 코인의 생생한 경험	253
03	파이코인·쿼라니움 – 대중과 내부의 시선 차이	257
04	정보의 구조 없이는 반복이 되풀이된다	260
05	CPC가 약속하는 정보 전달과 필터링 구조	263
06	판단 기준 없이 진입하는 자는 결국 흔들린다	266
07	이 책은 그 반복을 멈추기 위한 구조이다	270

10장 초보자에게 적합한 스테이블 + 메이저 코인

01 이 책은 그 반복을 멈추기 위한 구조이다 — 275
02 알트 중 실체 있는 생태계 기반 프로젝트 — 278
03 추천 기준: 유동성, 파트너십, 백서, 시총 + 시드 분할 전략 TIP — 281

11장 투자 성향 자가 진단 + 실전 체크리스트

01 당신의 투자 성향은 어떤가? – 자가 테스트 — 287
02 실전 체크리스트: 투자 전 반드시 점검할 것들 — 290
03 감정, 리스크, 구조를 점검하는 마지막 연습 — 293

부록
○ 코인 용어 해설 사전 — 299
○ 온체인 조회 툴 가이드 — 300
○ 실전 투자 노트 / 포트폴리오 관리 양식 — 300
○ CPC 회원용 전용 체크리스트 — 301
○ 법적 고지사항 — 301

에필로그 — 303
"당신의 여정은 이제 막 시작됐다.
CPC는 정보를 넘어, 판단과 생존의 항로를 함께 설계하겠다."

코인은 금융이 아니라
생존의 언어이다

"왜 지금,
코인을 반드시 알아야 하는가"

지금은 '몰라서 당하는 시대'가 아니다
코인 투자로 손실을 본 사람들은 흔히 이렇게 말한다.
"몰랐어요." "누가 하라고 해서 그냥 따라 했어요."
"다들 하길래 저도 해봤는데…"
하지만 이제는 그 말이 통하지 않는 시대다.
지금은 '모르면 손해를 보는' 것이 아니라,
'모르면 구조 자체에서 밀려나는 시대'다.

"코인을 모르면 뒤처지는 시대입니다"
이건 단순한 광고 문구가 아니다. 현실이다.
세계 최대 자산운용사 블랙록은 비트코인 ETF를 승인받았고
나이지리아 청년들은 일자리가 아니라 코인 트레이딩으로 생계를 이어가
고

전 세계 부자들은 이제 **디지털 자산의 비중을 포트폴리오에 넣고** 있으며
블록체인은 '기술'이 아니라 **인프라**가 되어가고 있다
그 사이, 우리는 여전히
"이거 사도 돼요?" "업비트 가입 어떻게 하죠?" 이런 질문을 하고 있다.

이것은 투자 이전에 '언어'의 문제다
영어를 모르면 해외 여행이 어렵고,
한자를 모르면 역사책을 이해할 수 없듯이,
코인을 모르면,
당신은 '금융의 새로운 언어'를 모르는 상태로 살아가는 것이다.
디파이는?
스테이블코인은?
메타마스크 지갑은 왜 필요하지?
블록체인의 검증자는 뭐지?
이 언어를 모르면 기회가
눈앞에 와도 **읽지 못하고,**
위험이 다가와도 **대비하지 못한다.**

대표님의 시선 – "나는 기술보다 구조를 먼저 봤다"
나는 개발자가 아니다.
기술자가 아니며, 차트를 전문적으로 보는 분석가도 아니다.
하지만 나는 누구보다 시장을 **'구조적으로'** 이해하려고 **노력했다.**
이 프로젝트는 어떻게 수익을 만들고
유통량은 어떻게 돌아가며
백서는 말이 되고 있는가

커뮤니티는 살아 있는가
이걸 읽을 줄 아는 사람만이,
"정보가 아니라, 기회를 해석할 수 있다."

초보자에게 꼭 해주고 싶은 말
당신이 지금 망설이고 있다면, 단 하나의 조언을 하고 싶다.
지금은 "살까 말까"를 고민할 때가 아니다.
"배울까 말까"를 결정할 시간이다.
투자는 언제든 기회가 있다.
하지만 이해는,
지금 하지 않으면 더 늦어진다.

"코인은 단지 투자 수단이 아니다.
코인은 시대의 변화 그 자체이며, 우리는 그 언어를 반드시 배워야 한다."
– CPC 대표 윤영준

코인이 바꾸는 세상 : 국가, 금융, 개인

코인은 단순한 자산이 아니다
많은 사람들은 아직도 코인을 이렇게 생각한다.
"비트코인? 그냥 변동성 큰 주식 같은 거 아니야?"
"언제 오를지도 모르고, 위험하기만 하잖아."
하지만 진실은 다르다.
코인은 단순히 오르고 내리는 자산이 아니라,
'중앙 통제 시스템' 자체를 뒤흔드는 기술이다.

왜 정부는 코인을 불편해할까?
정부는 화폐 발행권을 가진다.
즉, 돈이란 국가의 통제 수단이자 '권력의 실체'이기도 하다.
그런데 비트코인은
중앙 발행자가 없고

정부 개입도 없으며
누구나 자유롭게 거래 가능하고
심지어 공급량이 **정해져 있다 (21,000,000개)**
이건 정부 입장에서 보면**통제 불가능한 '돈의 독립'**이다.

실제 사례

중국은 비트코인을 전면 금지했다 (탈중앙화 통제가 어려워서)
미국은 한동안 '불법 거래의 통로'로 규정하며 견제했다
나이지리아는 CBDC(국가 디지털 화폐) 도입과 함께 비트코인 거래를 막았다
→ 코인은 단지 돈이 아니라, **통제력의 대체재**가 되고 있다.

그럼 왜 기업들은 코인을 탐낼까?

아이러니하게도
정부는 코인을 경계하지만,
글로벌 기업들은 코인을 중심으로 생태계를 만든다.
테슬라 : 비트코인 보유 후 일시적으로 결제 수단 채택
삼성전자 : 블록체인 기반 보안칩 출시
나이키 : NFT 기반 디지털 스니커즈 출시
스타벅스 : 고객 리워드에 블록체인 기술 활용
왜일까?
기업은 '통제'보다 '사용자 확보'에 관심이 있기 때문이다.
블록체인 기반 시스템은 고객을 더 정밀하게 분석하고,
디지털 자산 생태계를 빠르게 구축할 수 있는 인프라가 된다.

실전 사례 – 파이코인을 둘러싼 시선의 차이

파이코인은 채굴 앱을 통해 많은 유저를 확보한 프로젝트
기술적 완성도나 상장 여부를 떠나
"전 세계 3천만 명의 사용자 기반"만으로도
이미 영향력이 큰 네트워크
→ 이건 단순히 코인을 가진 사람들의 문제가 아니다
→ **"누가 사용자 기반을 먼저 확보하는가"**의 싸움이다

한 줄 요약
"코인은 기술 이전에, 권력 구조를 바꾸는 질서의 언어이다."

"코인을 모르면
어떤 기회를 잃게 되는가"

세상은 이미 코인을 중심으로 움직이고 있다

겉으로 보기엔 변화가 없는 것처럼 보인다. 길거리엔 여전히 카페가 있고, 사람들은 카드로 결제하고, 은행 창구엔 번호표가 있다.
하지만 실체는 다르다.
경제의 핵심 구조는 이미 '블록체인' 기반으로 서서히 전환 중이다.
예금 대신 스테이킹
펀드 대신 디파이
결제 대신 스마트 컨트랙트
증권 대신 토큰화 자산
이것이 의미하는 바는 단 하나다.
"당신이 코인을 몰라도,
세상은 이미 코인을 기준으로 돌아가기 시작했다는 것"

코인을 모르면, 다음의 흐름에서 소외된다

흐 름	당신이 놓치는 기회
코인 급등기	시세차익 → 판단력 부족으로 진입조차 못함
NFT·게임파이	프로젝트 초기 참여 → 생태계 내부 활동 참여 불가
에어드랍/런치패드	사전 참여자 보상 구조 → 지갑·네트워크 미숙으로 탈락
디파이(DeFi)	예치 이자 수익, 스왑 기능 → 구조 이해 부족으로 이용 불가

예시는 단순히 돈을 버는 기회가 아니다.
디지털 자산 세계에 주도권을 갖는 문으로 입장하지 못한다는 뜻이다.

이제는 코인을 '이해'하지 않으면, 정보조차 해석할 수 없다

뉴스에서 "이더리움 스팟 ETF 신청"이라는 제목이 나올 때,
그게 당신에게 **호재인지, 무관심해도 될 일인지** 알 수 있는가?
바이낸스에서 '런치패드 프로젝트가 뜬다'고 할 때,
그게 실제 투자 기회인지, 단기 유행인지 판단할 수 있는가?
누가 "이 코인 스테이킹하면 연 12% 나온다"고 말할 때, 그
구조가 **합법인지 사기인지** 구분할 수 있는가?
→ 이 질문에 '아니오'라면,
당신은 이미 정보 소비자가 아니라,
정보에 휘둘리는 소비자다.

실전 사례 – 실수로 놓친 기회들

사례 A : 업비트 계정은 만들었지만
매수 타이밍을 몰라 수개월간 관망하다가
'급등 뉴스'에 감정적으로 들어가 손실

사례 B : 디파이 프로젝트에서 '연 40%'라는 수익에 혹해
구조도 확인하지 않고 진입했다가 락업 해제 불가로 전액 묶임

사례 C : NFT 초기 프로젝트 민팅 참여 방법을 몰라
커뮤니티에 들어가 있던 수천 명 중 구매 링크조차 놓침

→ 모두 기술 때문이 아닌,
구조를 몰라 발생한 실수들이다.

한 줄 요약

"모르면 당하는 게 아니라, 모르면 문 앞에도 못 선다."

코인은 투자 이전에 '이해력 싸움'이다

같은 코인을 사도, 누구는 벌고 누구는 잃는다
대표님이 현장에서 가장 많이 들었던 말 중 하나는 이거다.
"저 코인 똑같이 샀는데,
친구는 벌었고 나는 물렸어요."
같은 종목, 같은 가격, 같은 시기.
그런데 왜 결과는 다를까?
그 차이는 '운'이 아니라
'구조를 이해한 사람과, 그렇지 않은 사람'의 차이다.

구조를 이해한 사람의 투자 방식은 다르다

항 목	이해 못한 투자자	구조를 이해한 투자자
매수 기준	"오를 것 같아서"	"지지선 + 거래량 + 펀더멘탈 확인"
정보 해석	"유튜브에서 좋다더라"	"공식 발표 + 커뮤니티 움직임 비교"
투자 비율	"전액 넣어야 수익 나지"	"3분할 진입 + 시드 분배 관리"
감정 반응	조급함/불안 반복	시나리오에 따라 냉정하게 대응

결국
지식의 양이 아니라, 사고의 구조가 승패를 나눈다.

실전 사례 – '같은 정보, 다른 결과'

사례 1 : BTC가 급락한 날 A는 "이러다 끝나는 거 아닌가요?" B는 "RSI 과매도 + 거래량 폭증… 반등 시그널 나왔네요"
→ A는 패닉셀, B는 분할 매수
→ 5일 후 BTC 반등 → A는 손절, B는 수익 실현

사례 2 : 한 프로젝트가 루머에 휘말림 A는 루머를 듣고 전량 매도 B는 개발자 AMA 일정 확인 → 사실 아님을 파악 → 홀딩 유지
→ A는 하락 후 손해 보고 탈출, B는 회복 이후 수익

**정보는 같았고,
중요한 건 해석의 구조였다.**

대표님이 강조하는 '코린이의 첫 공부'

많은 초보자들이 이렇게 말한다.
"그냥 뭐부터 시작해야 할지 모르겠어요." "기초가 너무 어려워요." "용어

가 다 생소하고 무서워요."
대표님은 이렇게 조언한다.
"공부를 기술로 시작하지 말고,
'이해 프레임' 부터 만들어라."
코인은 왜 나왔고
지금 어떤 흐름이며
나는 어떤 위치에 서 있는지
→ 이걸 먼저 인식해야 방향이 보인다.

한 줄 요약
"지식보다 먼저 갖춰야 할 건 '판단할 수 있는 프레임' 이다."

"디지털 자산화 시대, 구조를 모르면 자산을 잃는다"

돈의 형태가 바뀌고 있다

예전에는 '돈' 하면 지갑에 든 현금이었다.

이제는 스마트폰 하나면 은행 송금도, 결제도 끝난다.

그리고 지금은, '자산'의 형태마저 디지털화되고 있다.

주식 → 디지털 토큰화

부동산 → 조각 투자 플랫폼

미술품 → NFT

수익모델 → 디파이 프로토콜

이런 변화는 단지 '투자 수단'의 다양화가 아니다.

자산 자체의 존재 방식이 바뀌고 있는 것이다.

블록체인이 만드는 새로운 질서

블록체인은 단순한 기술이 아니다.

그건 **신뢰를 디지털화하는 시스템**이다.

전통 자산 구조	블록체인 자산 구조
중개자 필요 (은행, 증권사 등)	탈중앙 구조
영업일 기준 정산	24시간 실시간 거래
국경 제한 존재	글로벌 실시간 자산 이동
정보 비대칭 존재	모든 기록 투명 공개

이건 돈의 문제가 아니다.
'권력과 기회'의 재분배 문제다.

실전 변화 – '직업'과 '소득'이 바뀐다

과거 : 회사 → 월급 → 저축 → 이자
현재 : 커뮤니티 참여 → NFT 발행 → 디지털 자산화
미래 : 디지털 지갑 기반 소득 구조 (Web3 참여, 온체인 활동 등)
→ 코인을 모른다는 것은
미래 직업 구조와 금융 흐름에서
'소외될 준비'를 하고 있다는 것과 같다.

대표님의 현실 인식

나는 개발자도, 금융전문가도 아니다. 하지만 어느 순간 깨달았다.
"이 흐름은 멈추지 않는다. 그러면 결국 선택은 둘 중 하나다.
ⓐ 미리 알고 대비하느냐
ⓑ 당하고 나서 후회하느냐"
나는 첫 번째를 선택했고, 그 결과가 지금의 CPC이고, 이 책이다.

지금 당신에게 필요한 건…

무조건 투자? ✗

지금 코인 사기? ✗

유명 유튜브 영상 정주행? ✗

지금 필요한 건
"디지털 자산 시대에 필요한 구조적 이해"이다.

거래소 구조

코인 생태계의 작동 원리

시장이 움직이는 트리거

감정이 개입되는 지점 파악

→ 이걸 익혀야만,

당신은 이 세계의 '플레이어'가 될 수 있다.

한 줄 요약

"코인은 돈이 아니라,
다가오는 세상에 진입할 자격증이다."

"정보는 누구나 볼 수 있다.
하지만 해석은 아무나 못 한다"

투자자의 두 가지 유형

대표님은 투자자들을 늘 두 그룹으로 나눈다.

유 형	특 징
정보 소비자	뉴스, 유튜브, 커뮤니티만 따라다님
→ 판단 기준 없음 / 수익도 감정적	
정보 해석자	똑같은 뉴스를 구조로 해석함
→ 근거 있는 진입 / 시나리오 대응 가능	

코인 시장은 정보가 빠르고 많다.

하지만 중요한 건 **'정보를 얼마나 빨리 보느냐'** 가 아니라

'어떻게 해석하느냐' 이다.

예시: 같은 뉴스, 다른 판단
뉴스 : "이더리움 ETF 심사 연기"
소비자 반응 : "ETF 연기됐대… 악재인가 봐요" → 공포 매도
해석자 반응 : "예상된 조치 / 시세 영향 일시적 / 기술적으로는 지지선 유지 중"
→ 진입 기회로 분석
→ **같은 뉴스, 반응은 정반대**
→ 수익과 손실의 갈림길은 판단 구조의 유무였다.

실전 사례 – 감정으로 접근한 결과
A는 텔레그램 방에서 "AI 코인 급등 예정"이라는 말을 듣고,
근거 없이 OOO코인을 전액 매수했다.
결과 : 3일간 상승 후 급락 → 멘탈 붕괴 → 손절
나중에 확인해보니 해당 프로젝트는
팀 정보도 공개 안 되고, 백서도 복붙 수준
같은 날,
B는 "AI 키워드 유행 중, 관련 코인 중 실체 있는 걸 분석해보자"라는
마인드로 4개 코인을 비교해 매수
결과 : 2개는 횡보, 1개는 하락,
나머지 1개에서 **+40% 익절 성공**
→ 차이는 뉴스가 아니라, 해석의 자세였다.

대표님의 철학 – 감정으로 접근하지 말 것
코인 시장은
수익보다 감정이 먼저 움직이는 시장이다.

그래서 더더욱 '판단의 틀'이 필요하다.
누가 뭐라 하든 내 기준은 있는가?
지금 진입이 아니라 기다리는 게 맞는가?
이 코인을 설명하라고 하면 말할 수 있는가?
이 질문에 답할 수 있을 때,
비로소 당신은 시장에 설 자격이 생긴다.

한 줄 요약
"정보는 누구나 가진다.
그걸 해석할 수 있는 사람이 이긴다."

"패턴은 반복되고, 구조는 그것을 멈추게 한다"

초보자들의 흔한 5단계 실수 루틴

입소문을 듣는다
"이거 곧 오른대"

차트를 대충 본다
"괜찮아 보이는데?"

진입한다 (전액 매수)
"이번엔 느낌이 좋아"

조정이 온다 → 공포
"이러다 손실 확정되는 거 아냐?"

감정 매도 or 손절
"다시는 코인 안 해"

!ㅁ 이 5단계는 대부분
'**실력 부족**'이 아니라 '**구조 없음**' 때문에 발생한다.

구조가 없으면, 감정이 전략이 된다

수익이 나면 우쭐

손실이 나면 조급

횡보하면 의심

뉴스가 뜨면 흥분

루머가 돌면 불안

→ 감정이 매매를 조종하고

→ 결과는 운에 맡겨진다

이 상태에선 언젠가는 무조건 큰 손실이 온다.

대표님의 사고 루틴 공개

대표님이 실제로 실전 투자에서 적용하는

CPC식 간단 사고 흐름 4단계

정보의 위치 확인

이 뉴스/이슈가 가격에 선반영되었는가?

구조 분석

이 프로젝트는 수익을 어떻게 만들고 있는가?

시장 심리 파악

이 가격대에서 대중의 감정은 무엇인가?

나의 전략과 맞는가?

지금 진입하면 나는 손실을 감당할 수 있는가?

→ 이 4단계를 2~3분 안에 점검하는 습관→ 이것이 투자 멘탈과 전략의 기초가 된다

진짜 전략가는 '빠른 사람이 아니라 반복하지 않는 사람'

코인 시장은
하루 만에 30% 오를 수도 있고
3분 만에 -20% 빠질 수도 있다
이런 시장에서 이기는 사람은
빠르게 사는 사람도, 싸게 사는 사람도 아니다.
"같은 실수를 반복하지 않는 사람,
그리고 구조를 만들 수 있는 사람이다."

한 줄 요약
"투자는 기술이 아니라 반복된 사고 구조의 결과다."

"코인을 대하는 태도가
당신의 금융 미래를 만든다"

지금까지 우리는 무엇을 봤는가

이 장에서 우리는 단순히 '코인'이라는 개념이 아니라,
그 이면에 흐르고 있는 구조와 사고의 틀을 다뤘다.
정리해보자.

내 용	핵심 메시지
코인이란	단순한 자산이 아닌, '질서의 전환점'
정보의 흐름	모든 사람에게 열려 있지만, 판단은 다르다
해석의 중요성	같은 정보, 다른 결과는 '구조, 유무'의 차이
사고의 패턴	실수는 지식 부족이 아닌, 시스템 부족
준비 자세	빠르기보다 '반복하지 않는 구조'가 핵심

CPC의 제안 - 코인 공부, 이제 어떻게 시작할까?

"공부를 기술로 시작하지 말고,
구조로 시작하라."
기초 용어부터 보려 하지 말고,
뉴스만 모아 보려 하지 말고,
왜 이 시장이 생겼는지,
무엇이 기준이 되어야 하는지를 먼저 익혀라.
구조를 익히면 기술은 따라온다
마인드를 다지면 실수는 줄어든다
질문하는 힘이 생기면, 정보는 의미가 생긴다

실전 사례 - 코린이 회원 J의 변화

처음 CPC에 입장했을 때,
"무슨 코인 사야 하죠?" 부터 시작했던 J 회원
2주간 구조 사고 훈련
뉴스 해석 + 차트 기초 + 포트폴리오 배분 전략 습득
1달 후 직접 추천 받은 코인을 분석하며
"이건 아직 진입하면 안 될 것 같아요"라고 말하게 됨
→ 변화의 시작은 '정보'가 아니라
"사고 구조의 전환"이었다

이제 당신의 첫 발걸음은 시작되었다

이제 당신은 더 이상
"코인은 너무 어려워요"라고 말하는 사람이 아니다.
이 장을 끝까지 읽었다면,

당신은 이미 **판단의 방향을 잡을 준비가 된 사람**이다.

한 줄 요약
"투자는 출항이 아니라 항해다.
그리고 구조를 갖춘 자만이, 끝까지 간다."

용어가 보이면 시장이 보인다

"단어 하나를 모르면,
기회를 통째로 놓친다"

"용어가 너무 어려워요" – 대부분의 초보자 첫 마디

대표님이 처음 CPC 회원들을 만나면 가장 많이 듣는 말이 있다.
"시작하고 싶은데, 용어가 너무 어려워요."
"'디파이'가 뭐예요? '지갑'은 또 뭔가요?"
"자꾸 '스테이킹' 하라는데, 그게 좋은 거예요?"
많은 초보자들이 코인에 접근하지 못하는 이유는
차트도 아니고 기술도 아닌 '단어' 때문이다.

단어를 모른다는 건, 언어가 다르다는 뜻이다
코인 세계는 단순한 시장이 아니다.
하나의 완전히 다른 '언어 생태계'이다.
디파이 (DeFi)
스테이킹

하드포크
레이어1 / 레이어2
온체인 / 오프체인
CEX / DEX
NFT / DAO / 런치패드…

이 단어들을 모르면, 당신은 정보의 대부분을 **읽지도, 이해하지도 못한다.**

단어 하나가 당신의 판단을 바꾼다

예를 들어,
"이 프로젝트는 **'디파이 기반 NFT 플랫폼'**이며
**DAO 거버넌스를 통해 운영됩니다."
"현재 **스테이킹 수익률은 15%**이며,
**지갑 연동 후 온체인으로 처리됩니다."
→ 이 문장을 이해하지 못한다면,
당신은 **수익과 손실의 결정문**을 스킵하고 있는 것이다.

실전 사례 – 용어를 몰라 생긴 실제 손실

회원 A는 '에어드랍 참여 가능'이라는 안내를 받고도
"지갑 연결? 메타마스크? 트랜잭션? 뭐지… 모르겠다"
그래서 참여를 포기함 → 에어드랍 토큰 미수령
회원 B는 '스테이킹 연 18% 수익'에 혹해 진입
락업/언스테이킹 개념을 몰라
원금 3개월 동안 묶여 있음 → 하락장 진입 → 손실 확정
→ 이건 투자 센스 부족이 아니라,
'단어를 모른 것'이 전부였다.

용어 공부는 '암기'가 아니다

CPC는 말한다.
"단어는 외우는 게 아니다.
구조 속에서 '느끼고 써보는 것'이 중요하다."
스테이킹은 '예금'과 어떻게 다른가?
디파이는 왜 은행 없이 수익이 나오는가?
NFT가 왜 단순 그림이 아닌가?
→ 이런 질문을 던지고 **'예시와 비교'를 통해 체득하는 것**,
그게 진짜 용어 공부다.

한 줄 요약

"코인 시장은 언어로 구성된 세계다.
말을 못 하면, 판단도 못 한다."

"비트코인, 이더리움, 알트코인 – 시장의 언어 구조"

비트코인 : 코인의 시작이자 '디지털 금'

비트코인(BTC)은 2009년 사토시 나카모토라는 익명의 인물에 의해 만들어졌습니다. 그 목적은 단 하나였습니다:
"정부나 은행 없이, 누구나 신뢰할 수 있는 디지털 화폐 만들기"

비트코인은

- ◆ 발행량이 **딱 2,100만 개로 제한**되어 있고
- ◆ 누구도 이를 조작할 수 없으며
- ◆ **중앙 없이 작동하는 최초의 통화 시스템**입니다.

핵심 개념

- ◆ 채굴(mining) : 컴퓨터 계산으로 블록을 생성하고 BTC를 보상으로 받는 구조
- ◆ 디지털 금 : 희소성과 보관성 덕분에 '가치 저장 수단'으로 인식

실전 예시

- 블랙록, 아크인베스트 등 미국 기관이 ETF(상장지수펀드)로 BTC를 매수
- 위기 시 달러보다 BTC에 자금이 몰리는 현상

이더리움: '코인 2.0'이라 불리는 이유

비트코인이 '디지털 금'이라면,
이더리움(ETH)은 '디지털 플랫폼'입니다.
창시자 비탈릭 부테린은 말했다:

> "코인을 만들 수 있는 코인을 만들자."
> → 이더리움은 단순한 자산이 아니라,
> **무한한 가능성의 플랫폼**이다.

핵심 개념

- 스마트 계약(Smart Contract) : 조건이 충족되면 자동 실행되는 계약
- 디앱(DApp) : 이더리움 위에서 돌아가는 '탈중앙 앱'
- 수수료 = 가스비(gas fee): 이더리움 사용 시 ETH로 지불

실전 예시

- 디파이(DeFi), NFT, 게임파이(GamFi)의 90% 이상이 이더리움 기반
- 업그레이드(EIP-1559, Merge 등)를 통해 친환경성과 속도 개선 중

알트코인 : '비트코인 이외의 모든 코인'

알트코인(Altcoin)은 말 그대로
"Alternative Coin(대안 코인)"의 줄임말입니다.

비트코인도 아니고, 이더리움도 아닌
수천 가지 프로젝트가 모두 여기에 속합니다.

종류	예시	특징
플랫폼형	솔라나(SOL), 아발란체(AVAX)	이더리움과 비슷한 생태계
오라클형	체인링크(LINK)	외부 데이터를 연결
결제형	리플(XRP), 라이트코인(LTC)	송금 속도 중심
밈코인	도지코인(DOGE), 시바이누(SHIB)	커뮤니티 중심 밈 기반

주의 : 알트는 변동성이 크며
'실체 없는 테마성' 코인도 다수 존재함.

왜 이 3가지를 반드시 먼저 알아야 하나?

시장에서 나오는 거의 모든 뉴스, 프로젝트, 분석은
이 세 가지 구조 안에서 흘러간다.

- ◆ 비트코인은 '시장 전반의 심리'
- ◆ 이더리움은 '생태계 흐름'
- ◆ 알트코인은 '기회와 위험'의 분포

이걸 모르면 뉴스를 봐도 흐름을 못 잡고
차트를 봐도 의미를 못 찾는다.

한 줄 요약

"비트코인, 이더리움, 알트 –
이 3가지가 시장 언어의 뼈대다."

"디파이, 스테이킹, 지갑… 단어 속에 구조가 있다"

DeFi(디파이) – 은행 없이 금융이 가능한 구조

DeFi는 "탈중앙화 금융(Decentralized Finance)"의 줄임말이다.

쉽게 말해, **은행 없이도 예금·대출·환전이 가능한 블록체인 기반 금융 시스템**이다.

기존 금융은 반드시 중개기관(은행, 증권사 등)이 필요했다.

그러나 디파이는 누구나 참여할 수 있고, 시스템이 자동으로 돌아간다.

○ 예시 – 디파이에서 예금하는 방법
- ◆ 코인을 디파이 플랫폼(예: AAVE, Curve 등)에 맡기면
- ◆ 다른 유저가 이를 대출받고
- ◆ 당신은 그 이자 수익을 받는다→ 마치 '은행 예금'처럼 보이지만, 중개자는 없다

○ 장점
- ◆ 24시간 전 세계 누구나 접근 가능

- ◆ 신용 조회 없이도 대출 가능
- ◆ 자동화된 계약(Smart Contract)에 의해 실행

○ 단점
- ◆ 해킹 리스크
- ◆ 너무 높은 수익률은 위험 신호일 수 있음
- ◆ 프로젝트의 안정성을 스스로 판단해야 함

스테이킹(Staking) – 블록체인에 '잠시 돈을 묶는' 행위

스테이킹은 쉽게 말해
"코인을 일정 기간 동안 맡기고 보상을 받는 것"이다.
은행에 돈을 예치하면 이자를 받는 것처럼,
블록체인에 코인을 예치하면 '보상'을 받는다.

○ 왜 보상을 주는가?
- → 스테이킹한 코인은 블록체인 네트워크의 운영을 돕는다.
- → 코인을 많이 스테이킹한 사람이, 블록 생성 기회를 얻는다.

○ 스테이킹의 특징
- ◆ 보통 락업(잠금) 기간이 있음
- ◆ 일정 기간 동안 출금 불가
- ◆ 연 수익률(APR)이 5~20%까지 다양
    - → 높은 수익률에는 '위험'도 함께 있다는 점 명심해야 한다

○ 실전 예시
- ◆ SOL(솔라나) 100개를 30일간 스테이킹 → 약 10% 연 수익률
- ◆ 하지만 락업 기간 도중 급락 시, 빠르게 팔 수 없음

지갑(Wallet) – 코인을 담는 공간이자, 블록체인과 연결되는 열쇠

많은 초보자들이 가장 혼란스러워하는 단어 중 하나가 바로 '지갑'이다.
지갑은 단순한 앱이 아니다.
블록체인 세계와 연결되는 디지털 신분증이자,
코인을 보관·이동하는 개인 금고이다.

○ **지갑의 종류**
- ◆ CEX 지갑 : 업비트·바이낸스처럼 거래소 내부 지갑
- ◆ 개인 지갑 : 메타마스크, 클립, 카이카스 등
  - → 내 지갑 주소로 NFT·코인을 직접 관리 가능

○ **주의점**
- ◆ 개인 지갑은 '복구 구문'을 반드시 백업해야 함
- ◆ 분실 시 복구 불가 (중앙 관리자 없음)

○ **지갑 없이 불가능한 것들**
- ◆ 디파이 참여
- ◆ NFT 민팅
- ◆ 런치패드 사전 예약
- ◆ 게임파이 참여

대표님의 설명 방식 – 단어는 기능으로 이해해야 한다

단어는 암기하는 게 아니라, **어디에 쓰이고 어떤 역할을 하는지를 '구조'로 이해해야**한다.

- ◆ 디파이는 '은행을 제거한 금융'이다
- ◆ 스테이킹은 '코인을 묶고 보상을 받는 시스템 참여'다
- ◆ 지갑은 '블록체인 세계의 출입문'이다

→ 이렇게 기능을 이해하면 자연스럽게 프로젝트를 볼 때, 구조를 먼저 떠올릴 수 있다

한 줄 요약

"코인 용어는 외우는 게 아니라, 시장에서 '어떻게 쓰이는가'를 구조로 익히는 것이다."

"거래소의 구조를 모르면, 손해는 반복된다"

CEX와 DEX - 거래소는 단순한 '앱'이 아니다

코인 투자의 대부분은 '거래소'에서 시작되고 끝난다. 하지만 정작 많은 사람들은 거래소의 '기능'과 '구조'를 이해하지 못한 채 사용한다.

○ CEX (Centralized Exchange)

→ 중앙화 거래소. 업비트, 바이낸스 등

→ 회사가 관리하는 지갑과 서버를 기반으로 운영됨

→ 사용자 친화적이고 빠르지만, 자산 통제권은 '거래소'에 있음

○ DEX (Decentralized Exchange)

→ 탈중앙화 거래소. 유니스왑, 팬케이크스왑 등

→ 중개자 없이 스마트 계약으로 거래 실행

→ 자산은 개인 지갑에서 바로 이동됨

→ 보안과 자유도는 높지만, 초보자에겐 진입장벽 있음

○ CPC의 설명 방식

- ◆ CEX는 **은행 같은 느낌**이다
- ◆ DEX는 **현금 들고 직접 거래하러 가는 시장**에 가깝다
  - → 각각의 장단점이 명확하며, **본인의 수준에 따라 병행**이 필요하다

마켓가 / 지정가 – 클릭 한 번이 손실을 만든다

초보 투자자들이 가장 자주 실수하는 개념 중 하나가
마켓가와 지정가의 차이를 모르는 것이다.

○ **마켓가**
- → 현재 시장에 나와 있는 가격으로 즉시 체결
- → 속도는 빠르지만, **가격이 불리할 수 있음**

○ **지정가**
- → 내가 원하는 가격을 직접 입력
- → 체결까지 시간이 걸릴 수 있지만, **원하는 가격에 사고팔 수 있음**

○ **실전 예시**
- ◆ 특정 코인을 마켓가로 매수했는데, 유동성이 낮아 **한 번에 3~5% 손해 본 경우 다수 존재**

○ **CPC의 설명 방식**
- ◆ "마켓가는 급할 때, 지정가는 전략적일 때 사용하라"
- ◆ 특히 알트코인 매매 시, **마켓가 진입은 위험하다**

유동성·슬리피지 – 거래는 '심리'이자 '구조'다

○ **유동성(Liquidity)**
- → 시장에 '사고파는 물량'이 얼마나 많은가
- → 유동성이 높을수록 체결이 빠르고 가격이 안정적

→ 유동성이 낮으면 매수/매도 시 큰 가격 차 발생
○ 슬리피지(Slippage)
→ 주문 시점과 실제 체결 가격이 달라지는 현상
→ 특히 마켓가로 거래할 때 슬리피지 발생 가능성↑
○ 예시
- ◆ DEX에서 알트코인 구매 시, 슬리피지 3~5% 설정
  → 1,000,000원치 산다고 해도 실제 체결가는 950,000원일 수 있음
○ CPC의 설명 방식
- ◆ "거래는 클릭보다 구조를 먼저 알아야 한다"
- ◆ 가격만 보지 말고, **유동성과 슬리피지를 함께 점검하라**

CPC의 안내 기준 - 거래 전 체크리스트

1. 이 거래소가 CEX인지 DEX인지 구분했는가?
2. 마켓가/지정가 차이를 알고 전략적으로 선택했는가?
3. 유동성은 충분한가? 체결에 이상은 없는가?
4. 슬리피지는 허용 가능한 수준인가?

→ 이 4가지 질문만 해도
당신의 손실 가능성은 **절반 이하로 줄어든다.**

한 줄 요약

"거래는 감정이 아니라 구조다.
클릭 전에 구조를 이해하라."

"기술을 이해하지 못하면, 투자는 해석이 아닌 추측이 된다"

온체인 vs 오프체인
- 블록체인 기록의 실체

많은 초보자들이 처음 듣고 막히는 단어가 바로 '온체인'이다. 하지만 이 단어 하나만 제대로 이해해도,
정보의 진짜와 가짜를 구별할 수 있게 된다.

○ 온체인(On-chain)
→ 블록체인 상에 직접 기록되는 모든 활동
→ 투명하게 검증 가능 (지갑 주소, 거래 내역, NFT 이동 등)
→ 예 : 누가 얼마만큼 코인을 보내고 받았는지 '누구나 확인 가능'

○ 오프체인(Off-chain)
→ 블록체인 바깥에서 일어나는 활동
→ SNS, 텔레그램, 뉴스 등 말과 정보 수준
→ 확인은 어렵고, 종종 조작되기도 함

○ CPC의 시선
　　◆ "온체인은 '팩트', 오프체인은 '주장'이다"

- ◆ 코인을 살 때, **오프체인의 말보다 온체인의 기록을 먼저 확인하라**

○ 실전 사례
- ◆ "팀 지갑에서 물량 잠금 2년이라고 들었는데요?"
  - → 온체인 확인 결과, **락업 안 돼 있고 전송 기록 있음**
  - → 사기 가능성
- ◆ "NFT는 다 팔렸다는데요?"
  - → 오픈씨 온체인 기준으로 조회하니 **절반 이상은 미판매**

→ 온체인 조회는 '투자의 진실 탐색도구'다

백서(Whitepaper) – 프로젝트의 설계도

백서는 그 프로젝트의 철학, 기술 구조, 토큰 설계 등을 담은 공식 문서이다. 하지만 초보자들은 대부분

"글이 너무 어려워요…"

"읽어도 무슨 말인지 모르겠어요…"라고 느낀다.

○ CPC의 설명방식 – 백서 해석 3단계
1. 왜 이 프로젝트를 만들었는가? (목적)
2. 어떻게 수익 구조를 만들고 유지하는가? (모델)
3. 토큰은 어디에 얼마큼 배분되는가? (토크노믹스)

○ 실전 예시
- ◆ A 코인은 '보상형 게임 코인'이라고 소개됐으나
  - → 백서에는 **실제 유저 기반이 아닌 거래소 상장 의존형 구조**
  - → 초기 물량 대부분이 팀·VC에게 집중 → 물량 던지기 가능성

○ CPC의 시선
- ◆ "백서는 기술서가 아니라, 프로젝트의 진심이다"

◆ 투자 전에 반드시 '왜'와 '누가'에 집중하라

스마트 계약(Smart Contract) - 자동으로 실행되는 약속
스마트 계약은
사람의 개입 없이 자동으로 실행되는 블록체인 기반 프로그램이다.
예를 들어,
- ◆ "A가 B에게 1ETH를 보냈을 때, B의 NFT가 자동 전송된다." → 이런 약속을 '코드로' 입력해 실행하는 것

○ **실전 활용**
- ◆ 디파이에서 예치하면 자동으로 이자가 지급
- ◆ NFT를 민팅하면, 지갑 연결과 동시에 작품이 전송됨

○ **CPC의 설명방식**
- ◆ "스마트 계약은 신뢰를 자동화하는 기술이다"
- ◆ 이해보다 **'어디서 작동되는가'를 기준으로 접근하라**

예시 : '기술'로 접근할 수 있던 사람과, 못했던 사람의 차이
B회원은 "이 코인 NFT 기반이래요"라는 말에 바로 진입
→ 스마트 계약 주소 확인 없이 구매
→ 나중에 보니 **실제 NFT는 한 개도 발행되지 않았고, 지갑 주소도 백서와 다름** → 피해
반면 C회원은 CPC의 안내대로
- ◆ 스마트 계약 주소 확인
- ◆ 온체인 활동 조회
- ◆ 토큰 분배 구조 분석
  - → 프로젝트 신뢰도 낮다고 판단 → 진입 보류 → 손실 회피

◆

→ 둘의 차이는 운이 아니라
'기술 구조를 확인할 수 있는 시야'였다

한 줄 요약
"기술은 믿는 게 아니라, 확인하는 것이다.
구조를 보면 거짓은 숨기지 못한다.

"NFT, DAO, 런치패드 – 개념보다 '왜 중요한가'를 먼저 이해하자"

NFT – '디지털 그림'이 아니다, '디지털 소유권'이다

많은 사람들이 NFT를 그냥 '비싼 JPG 그림' 정도로 생각한다. 하지만 그건 NFT의 아주 얕은 겉모습일 뿐이다.

○ NFT란?
→ Non-Fungible Token, '대체 불가능한 토큰'
→ 쉽게 말해, **세상에 하나뿐인 디지털 자산에 '고유 번호'를 부여하는 기술**

○ 예시로 설명하면?
- ◆ 인터넷에 아무나 복사할 수 있는 그림이 있다고 하자
- ◆ 그 그림 중 '진짜 원본'에 **디지털 서명과 등록번호**를 붙인 것이 NFT
- ◆ 이것은 위조 불가, 복제 불가

○ 어디에 쓰이는가?
- ◆ 디지털 예술

- ◆ 게임 아이템
- ◆ 부동산·계약서·회원권 등 '소유권'이 중요한 분야
- ○ 실전 예시
  - ◆ 클레이튼 기반 '선미야클럽' NFT → 커뮤니티 + 파트너십 특전 제공
  - ◆ BAYC, 크립토펑크 등 → 단순 그림 → 현재는 브랜드 자산으로 확장
- ○ CPC의 설명방식
  - ◆ "NFT는 그림이 아니라 '인증서'이다"
  - ◆ 진짜 NFT는 커뮤니티·활용성·스토리로 이어져야 한다

DAO – 조직도 이제 '코드로 운영'되는 시대

DAO는 '탈중앙화 자율 조직(Decentralized Autonomous Organization)'의 줄임말이다.
쉽게 말하면, **사장이 없고, 투표로 운영되는 디지털 커뮤니티**다.
- ○ 비유로 설명하면
  - ◆ 예전에는 회사에서 '대표'가 모든 결정을 했다면,
  - ◆ DAO는 **토큰을 가진 참여자들이 '투표'로 방향을 정한다**
- ○ 실제 적용
  - ◆ 개발팀 보상, 마케팅 예산, 파트너십 체결까지 전부 투표로 결정
  - ◆ 참여자는 '토큰'이 곧 '지분 + 발언권'이 된다
- ○ 실전 예시
  - ◆ 유니스왑 DAO: 거버넌스 토큰(UNI) 보유자들이 운영 방향 결정
  - ◆ 아베 DAO: 새로운 디파이 서비스 추가 여부 투표

○ CPC의 시선
- ◆ "DAO는 조직의 민주화다. 하지만 아무 DAO나 따라가면 안 되고, **실제 참여 구조와 투명성**을 반드시 확인해야 한다"

런치패드 – '코인 ICO의 진화된 형태'
런치패드는 **신규 코인 프로젝트를 거래소나 플랫폼이 정식으로 소개하고, 초기 참여자들에게 저렴한 가격에 구매 기회를 제공하는 시스템**이다.

○ 왜 중요한가?
- ◆ 초기 진입자는 시세 상승 시 큰 수익 가능
- ◆ 하지만 **진짜 프로젝트와 단기 먹튀를 구분하는 눈이 필요함**

○ 구조는?
1. 거래소 또는 플랫폼에서 런치패드 프로젝트 공지
2. 일정 조건(보유 코인, 스테이킹 등) 충족 시 참여 가능
3. 일정 비율로 배정받고, 상장 후 매도 또는 보유 전략

○ 실전 예시
- ◆ 바이낸스 런치패드: 대부분 초기 참여자 수익률 높음
- ◆ 국내 거래소 런치패드 중에는 상장 후 급락한 경우도 다수

○ CPC의 안내
- ◆ "초기 매수 가격보다 프로젝트의 백서, 팀, 락업 조건을 반드시 먼저 확인하라"

초보자를 위한 정리 예시

용어	의 미	핵심 포인트
NFT	디지털 자산 소유권	단순 그림 아님. 실체와 커뮤니티 중요
DAO	코드로 운영되는 조직	진짜 참여 구조가 있는가?
런치패드	신규 프로젝트 초기 진입 기회	눈앞 가격보다 구조 먼저 확인

한 줄 요약

"단어는 기술이 아니다.
구조와 맥락을 이해해야 진짜가 보인다."

"이제는 눈으로 믿지 말고, 블록체인에서 확인하라 - 온체인 활용법"

왜 온체인을 활용해야 하는가?

요즘 정보는 넘쳐난다.

- ◆ 리딩방에서는 "곧 상장된다"고 말하고
- ◆ 유튜브에서는 "고래가 매집했다"고 뜨고
- ◆ SNS에선 "NFT 완판"이라고 돌아다닌다

하지만 진실은 하나다.

→ 그 정보가 온체인(블록체인 상의 실제 기록)으로 확인되지 않으면, '의견'일 뿐이다.

온체인으로 할 수 있는 실전 확인 5가지

1. 이 프로젝트, 진짜 NFT 민팅 다 됐나?

→ 오픈씨(OpenSea), 이더스캔(Etherscan)에서 토큰 ID/수량 확인

2. **이 지갑이 진짜 팀 지갑인가?**
   → 거래 내역 조회 / 팀 발표 주소와 대조

3. **고래 지갑에서 매도했나? 매집 중인가?**
   → 분석 툴(Nansen, Arkham 등)로 실시간 이동 추적

4. **A 코인 락업 물량, 아직 잠겨 있나?**
   → 락업 스마트 계약 주소 조회로 확인 가능

5. **내 NFT/코인, 진짜 내 지갑에 들어왔나?**
   → 메타마스크 연결 후 온체인 상 실시간 잔액 확인

CPC의 온체인 활용 안내 기준

CPC는 회원들에게 **정보가 아니라 '확인하는 습관'** 을 훈련시킨다.

- ◆ "좋아 보이는 프로젝트를 보기 전에, 먼저 지갑 주소와 거래 내역을 찾아보자"
- ◆ "'완판'이라고 해도 스마트 계약 주소에서 실제 판매 수량을 보자"
- ◆ "락업이라고 해도, 락업 코드가 진짜 실행되고 있는지 확인하자"

→ 이것이 **'판단자' 로서의 훈련**이다

예시 – 온체인을 활용한 피해 회피 사례

한 유튜브에서 A 코인이 "매집 끝났고, 조만간 상장"이라고 소개됨
일반 투자자들 진입 시작 → 가격 반등 없음
CPC 회원 B는 아래와 같이 행동함:

1. 온체인에서 '매집 지갑'이라던 주소 조회→ 이미 3일 전에 대부분 매도된 내역 확인
2. 팀 지갑에서 최근 출금 시도까지 발견→ 즉시 진입 보류 → 피해 없음

→ 같은 정보를 들었지만,
온체인을 통해 스스로 '사실'을 확인할 수 있었기 때문에 판단이 완전히 달라졌다.

온체인을 잘 활용하는 습관을 들이기 위한 도구

플랫폼	설명
Etherscan	이더리움 기반 거래 내역, 토큰 이동 확인
Solscan	솔라나 기반 프로젝트 조회
BscScan	바이낸스 스마트체인 기반 확인
Nansen	지갑 분석, 매집/분산 패턴 확인
Dune	프로젝트별 온체인 통계 대시보드

한 줄 요약

"코인은 누가 뭐라 하느냐보다,
지갑 안에서 무엇이 일어났느냐가 진실이다."

"용어는 당신의 판단력에 날개를 달아주는 도구다"

우리가 이 장에서 배운 것

개념	핵심 요약	실전 활용
비트코인	디지털 금 / 한정된 발행량	시장 전체 흐름 판단 기준
이더리움	스마트 계약 플랫폼	대부분의 코인 생태계 기반
알트코인	BTC/ETH 제외 코인	고수익/고위험 기회
디파이	탈중앙 금융 시스템	예금/대출/수익 모델
스테이킹	보상형 코인 예치	장기 수익 전략 + 락업 주의
지갑	자산 보관 + 연결 창구	개인 키 백업 필수
CEX / DEX	중앙 vs 탈중앙 거래소	각각의 전략적 활용
마켓가 / 지정가	즉시 체결 vs 전략적 체결	가격 손실 줄이기
유동성 / 슬리피지	거래 안정성 판단 기준	체결 전 확인 필수

온체인 / 오프체인	데이터 신뢰성 기준	사실 확인 도구
백서	프로젝트 설계도	구조 해석력 필요
스마트 계약	자동 실행 코드	코인의 실체와 운영 원리
NFT	디지털 자산의 고유 소유권	진입 전 커뮤니티/스토리 확인
DAO	코드로 움직이는 조직	거버넌스 참여 가능
런치패드	신규 프로젝트 초기 진입 창구	검증 기준 필수

CPC의 구조적 개념 학습법

CPC는 단어를 외우게 하지 않는다.

단어를 '투자 구조' 안에서 연결시킨다.

- ◆ 백서는 왜 읽어야 하나? → 구조 파악
- ◆ NFT는 왜 주목받는가? → 커뮤니티의 힘
- ◆ 온체인은 왜 중요한가? → 거짓 없는 데이터 기반 판단
- ◆ 지갑은 왜 핵심인가? → 블록체인의 입장권

O CPC가 생각하는 '진짜 공부'

단어를 10개 아는 것이 아니라,

단어 1개를 **실제 투자에 어떻게 활용하는지를 아는 것**

초보자를 위한 실전 판단 체크리스트

코인 프로젝트를 만났을 때 '이게 진짜인가?' '지금 들어가도 되나?' 판단이 어려운 독자들을 위해 CPC가 제안하는

실전 판단 5단계 질문:

1. 이 프로젝트의 백서에 **수익 구조**가 설명되어 있는가?
2. 팀 정보와 지갑 주소가 **온체인에서 확인**가능한가?

3. 디파이/스테이킹 기능은 **락업 조건과 수익 구조가 이해되는가?**

4. NFT나 토큰이 진짜라면, **어떤 커뮤니티 구조와 목적을 갖고 있는가?**

5. 나의 진입 시점은 **CEX/DEX 조건·유동성·지정가 전략을 반영했는가?**

→ 이 다섯 가지 중 3가지라도 '모른다'면
일단 멈추고 구조부터 다시 살펴야 한다.

한 줄 요약
"단어는 기억이 아니라,
당신의 판단을 도와주는 생존의 언어다."

거래소 완전 입문
- 가입부터 매수까지

"처음 코인을 사는 당신에게, 구조부터 알려드립니다"

왜 거래소부터 배워야 하는가?

코인 투자의 90%는
'어디서 사고 어떻게 파는지'를 이해하는 데서 시작된다.
하지만 수많은 초보 투자자들은 **감정만 앞세운 채 거래소에 진입**한다.

- ◆ 가입은 했지만 매수 버튼이 어딨는지도 모르고
- ◆ 입금은 했는데 수수료와 출금 제한을 모른 채 묶여 있고
- ◆ 차트는 켰지만 어느 가격에 사야 할지 모른 채
  "지금 사도 되나요?"만 반복한다

○ CPC의 시선

"진입은 빠르게, 이해는 천천히"
→ 구조 없는 거래는 도박이고,
이해된 거래는 전략이다

구 분	업비트	바이낸스
국가	대한민국	글로벌 (중국계 기반)
인증	카카오 인증 (KYC)	여권·얼굴 인식 등
거래 통화	원화 (KRW)	USDT, BUSD 등
접근성	초보자에게 매우 쉬움	중급 이상 권장
기능	기본적인 거래 위주	선물·마진·디파이 등 다양
고객지원	한국어 빠름	영어 기반, 제한적

코인 거래소의 종류 – 업비트 vs 바이낸스, 어디서 시작할까?

O CPC의 안내

완전 초보자는 업비트부터 시작하되,
　　나중엔 글로벌 흐름을 이해하기 위해 **바이낸스 진입도 고려**해야 한다

실전 흐름 – 가입부터 첫 매수까지 한 번에 이해하기
① 회원가입
- ◆ 이메일 인증 → 실명 등록 → 카카오페이 연동(KYC)

② 은행 연동
- ◆ 실명 계좌 연결 (업비트: 케이뱅크 필요)
- ◆ 입금 가능 상태 확인

③ 입금
- ◆ 원화 충전 → 일정 시간 후 매수 가능

④ 매수
- ◆ 원하는 코인 선택 → 현재가 확인
- ◆ 지정가/시장가 설정 → 수량 입력 → '매수' 클릭

⑤ 확인
- ◆ 지갑 → 보유자산 확인
- ◆ 수수료·평단가·실현손익 정보 체크

O CPC의 설명방식
- ◆ "모든 과정은 '기록'이고, 이 기록을 관리할 수 있어야 실력이 된다"

실수 없이 시작하려면 꼭 기억해야 할 3가지

1. **지정가 매수부터 연습할 것**
   → 급하게 사지 않고, 내가 원하는 가격에 사는 연습
2. **처음에는 소액으로 시작할 것**
   → 시장은 언제든 흔들린다. 감정 조절 훈련을 먼저
3. **계좌와 인증 정보는 안전하게 보관할 것**
   → 비밀번호, OTP, 보안메일은 체계적으로 관리

한 줄 요약

"거래소는 진입문이자, 판단을 실전으로 연결하는 첫 관문이다."

"매수 버튼을 누르기 전에 꼭 알아야 할 것들"

매수와 매도 – 헷갈리면 안 되는 기본 중의 기본

용어	의 미	투자자의 행동
매수	코인을 '사는 것'	앞으로 가격이 오를 것이라 판단
매도	코인을 '파는 것'	수익 실현 혹은 손실 방지 목적

→ 초보자들이 자주 실수하는 것은
"매도"가 "코인 더 사는 것"처럼 보이는 착각이다
○ CPC의 설명방식
  ◆ "매수는 미래를 보는 행위, 매도는 과거에 대한 정리다"
    → 감정이 아니라 **전략 기준으로 선택해야 한다**

○ 실전 화면에서 마주하는 것들

초보자가 업비트에 들어가면 가장 먼저 마주치는 복잡한 화면. 그 안에는 반드시 이해하고 넘어가야 할 3가지가 있다.

① 호가창 (Order Book)

개 념	설 명
매도 호가	누군가 팔고 싶은 가격 (빨간색)
매수 호가	누군가 사고 싶은 가격 (파란색)

→ **가운데 가격이 바로 현재 체결가**
→ 가격 간격과 수량을 보면 **시장 심리**를 읽을 수 있다
○ 예시
- ◆ 매수 대기 수량이 많다 = 상승 기대 심리
- ◆ 매도 대기 수량이 많다 = 저항선 강함 → 가격 반등 어려움

② 차트 (Candle Chart)

색 상	의 미
초록봉(양봉)	해당 시간 동안 가격 상승
빨강봉(음봉)	해당 시간 동안 가격 하락

→ **차트는 시장의 감정 기록**이다
→ 단기/중기/장기 이동평균선과 함께 보는 습관 필요
○ CPC의 설명방식
- ◆ "차트는 예측 도구가 아니다.
  과거의 데이터를 통해 현재의 위치를 아는 지도이다"

③ 주문창 - 시장가 vs 지정가

주문 방식	설 명	초보자 추천 여부
시장가	바로 체결됨. 편리하지만 가격 불리할 수 있음	△ □
지정가	내가 원하는 가격 입력 후 체결 대기	✅

O 예시
- ◆ BTC 현재가 40,000,000원
  - → 시장가 매수 시 = 즉시 체결, 하지만 슬리피지 발생 가능
  - → 지정가 매수 시 = 39,900,000원에 넣고 대기 → 체결되면 유리한 진입 가능

실전 TIP - 처음 3번의 매수는 이렇게 해보라

1. 하루 동안 차트 흐름을 관찰한다
    (분 단위 X, 일 단위로 보기)
2. 지정가 매수 연습: 소액으로 진입, 체결 여부 확인
3. 매수 후 지갑에서 자산 확인 → 체결가 기록 비교 → 감정 점검

O CPC의 안내
- ◆ "초반 3회는 수익이 목적이 아니다. 시장의 리듬과 감정을 익히는 훈련이다"

한 줄 요약

"매수는 클릭이 아니라
,시장과의 첫 대화이다."

"코인을 사고 나면, 이제 뭘 해야 하지?"

매수 직후 해야 할 3가지

코인을 샀다고 끝난 게 아니다.
실전에서는 '매수 이후의 흐름'이 훨씬 더 중요하다.

① 체결가와 잔고 확인
- ◆ 내가 실제로 어떤 가격에 얼마나 체결됐는지 반드시 확인
- ◆ '시장가 매수'는 일부만 체결될 수 있음
- ◆ 자산 → 보유 코인 확인 → 평균 단가, 수익률 표시

○ CPC의 안내
- ◆ "투자는 체결 확인이 끝나야 진짜 시작이다"

② 감정 체크
- ◆ 샀는데 가격이 떨어지면 불안

- ◆ 올라도 팔지 못하고 더 오를까 불안
  - → 대부분 초보자들이 매수 이후 '감정 폭풍'을 겪는다
○ CPC의 안내
  - ◆ "코인은 사고 나서가 진짜 시작이다.당신의 감정 흐름을 적어두는 것이 실력의 시작이다"

③ 간단한 시나리오 작성
  - ◆ '지지선' 가격 : 여기까지 떨어지면 손절할 것
  - ◆ '목표가' 가격 : 여기까지 오르면 일부 익절
  - ◆ 시간 조건 : 오늘, 이번 주, 이번 달까지의 판단 기준
○ 예시
  - ◆ 현재가 : 1,000원
    - → 지지선 : 900원 / 목표가: 1,200원
    - → 매수 후 3일간 950~1,050원 횡보 중 → 판단 유예
○ CPC의 설명 방식
  - ◆ "매수는 감정적 선택일 수 있어도,매도는 반드시 전략적이어야 한다"

○ 초보자들이 가장 많이 하는 실수
  1. **체결 확인 없이 자산이 사라졌다고 착각함**
     - → 실제로는 주문 미체결 or 거래소 내 대기 상태
  2. **조금만 떨어져도 바로 손절**
     - → 원래 시장은 '진동'이 있다.
     - → 전략 없는 손절은 손실만 키운다
  3. **지금이라도 더 살까 말까 고민만 반복**

→ 기준 없는 추가 매수는 감정의 산물이다

○ 실전 Q&A

Q. "코인을 사면 바로 오르나요?"

A. 아니다. 오를 수도, 떨어질 수도 있다.

→ 중요한 건 **'어떤 기준으로 들어갔는가'**이다

Q. "조금만 떨어지면 손절하는 게 낫지 않나요?"

A. 그 '조금'이 당신 기준인지, 시장의 평균인지 구분이 필요하다

→ 단기 조정인지, 추세 전환인지 먼저 체크

Q. "손절을 안 하면 결국 손해 아닌가요?"

A. 맞다. 하지만 **손절은 '패배'가 아니라 '관리'**다

→ 기준 없이 손절 = 감정적 패배

→ 기준 있는 손절 = 전략적 전환

한 줄 요약

"코인은 사고 나서가 진짜다.
감정이 아니라, 기준으로 대응하라."

"코인을 샀다고 끝이 아니다
– 진짜 관리는
지금부터 시작된다"

거래소 수수료 – 클릭 한 번에 수익이 달라진다

초보자들이 간과하는 가장 큰 리스크 중 하나는 **수수료 구조를 모르고 매매하는 것**이다.

○ 기본 수수료

- ◆ 업비트 기준: **매수 0.05%, 매도 0.05%**
    - → 100만 원 매수 시 약 500원 수수료
    - → 매수+매도 반복 시 누적 손실 가능

○ 슬리피지(가격 미끄러짐)

- ◆ 시장가 매수 시, 체결가는 예상보다 불리할 수 있음
- ◆ 특히 유동성이 낮은 코인은
    단 1초 만에 체결가가 2~3% 차이날 수 있음

○ CPC의 설명 방식

- ◆ "한 번의 클릭이 수수료인지 손실인지 구분할 줄 알아야 진짜 투자자다"

전송 수수료 - 다른 지갑으로 옮길 때는 더 신중하라
- ◆ 거래소 → 개인 지갑(메타마스크 등) 전송 시
- ◆ 혹은 업비트 → 바이낸스 등 거래소 간 이동 시

○ 발생하는 비용
- ◆ 코인 종류에 따라 전송 수수료 다름 (예: 트론은 저렴, 이더리움은 비쌈)
- ◆ 트랜잭션이 혼잡한 시간에는 전송 지연 가능성 있음

○ 실전 TIP
- ◆ 처음에는 '**트론(USDT-TRC20)**' **등 수수료 낮은 코인**으로 전송 연습
- ◆ 전송 테스트는 소액으로 먼저 진행 → 확인 후 본 금액 전송

○ CPC의 안내
- ◆ "지갑 주소 한 글자라도 틀리면 자산이 사라질 수 있다. 전송은 투자보다 더 신중해야 한다."

매수 후 코인 보관 - 거래소에 그냥 두면 위험할까?

보관 방식	장 점	단 점
거래소 보관	편리, 빠른 매매 가능	거래소 해킹 위험, 계정 도용 우려
개인 지갑	완전한 소유권 확보	키 분실 시 복구 불가, 초보자 진입장벽 있음

○ CPC의 시선
- ◆ "1~2회 매매 중심이라면 거래소도 무방.
  하지만 중장기 보유 or 에어드랍 참여 예정이면
  개인지갑을 익히는 것이 안전하다."

실전 사례 – 수익이 났지만 손실로 끝난 이유

A회원은 50만 원에 샀던 알트코인을 60만 원에 매도했다.
표면 수익률: +20%
그런데 실제 수익은 고작 2,000원… 왜?
- ◆ 매수/매도 수수료: 총 1,000원
- ◆ 전송 수수료: 3,000원
- ◆ 지갑간 이동: 추가 가스비
  → 총 비용: 6,000원 이상 → 실질 수익 거의 없음

○ CPC의 해석
- ◆ "수익은 숫자로 보이고, 손실은 눈에 안 보인다.
  **보이지 않는 비용까지 계산하는 게
  진짜 투자자의 감각이다.**"

한 줄 요약
"클릭은 순간이지만, 비용 구조는 수익을 결정짓는다."

"수익보다 먼저 지켜야 할 것은, 당신의 지갑이다"

왜 보안이 중요한가?

많은 초보 투자자들이 말한다.

"저는 큰돈 아니에요. 해커가 굳이 저를 털겠어요?"

하지만 현실은 다르다. 해킹은 '큰돈'이 아니라 '빈틈'을 노린다.

- ◆ 약한 비밀번호
- ◆ OTP 미설정
- ◆ 피싱 메일 클릭
    → 이런 작은 빈틈이 단 몇 분 만에 수백, 수천만 원의 손실을 만든다

O CPC의 시선

"투자는 실력으로 시작되지만, 지속 가능한 수익은 보안 위에서만 가능하다."

초보자를 위한 실전 보안 세팅

① OTP 설정
- ◆ Google OTP 앱 설치
- ◆ 거래소 계정 연동 → 로그인/출금 시 6자리 인증

② 출금지갑 등록
- ◆ 내가 미리 설정한 지갑에만 출금 가능하도록 제한
- ◆ 피싱이나 도용 시에도 타 지갑 출금 차단

③ 휴대폰 본인 인증
- ◆ 전화번호, 이메일 재설정 방지
- ◆ 계정 탈취 리스크 감소

④ 피싱 방지 문구 등록
- ◆ 거래소 접속 시 내가 설정한 문구가 보이면 정식 사이트
- ◆ 없으면 '가짜 사이트'일 가능성 높음

실전 사례 – 보안 방심으로 전액 손실된 경우

C회원은 업비트 로그인 링크를 문자로 받음
- → 로그인 시 화면은 똑같았음
- → 비밀번호, OTP 입력 후 접속
- → 몇 분 뒤, 보유 코인 전량 출금

○ 분석 결과
- ◆ '유사 도메인 피싱 사이트'였음
- ◆ OTP 입력까지 한 순간 모든 정보 유출됨

○ CPC의 설명방식
- ◆ "해커는 코인이 아니라 당신의 감각을 노린다. 당황하면 판단이 무너진다. 항상 공식 경로만 사용하라"

○ CPC 회원 보안 수칙 3가지

   1. 공공장소에서는 절대 로그인 금지
       → 카페 와이파이, PC방 등은 피싱 감염 위험 높음

   2. 지갑 주소 복사 시 2번 이상 확인할 것
       → 가짜 지갑 주소가 클립보드에 자동 삽입되는 악성코드 존재

   3. 수익보다 보안을 먼저 훈련할 것
       → 거래보다 중요한 것은 '지키는 능력'이다

한 줄 요약
"수익은 클릭으로 만들지만,
손실은 방심에서 시작된다."

"모르면 물어라, 하지만 한 번 물은 건 다음엔 실수하지 말아라"

초보자가 가장 많이 묻는 질문 TOP 7

Q1. 코인을 샀는데 자산에 안 보입니다. 왜죠?
○ **가장 흔한 질문**
  ◆ 주문이 '시장가'가 아니라 '지정가'로 들어간 경우
    → 아직 체결되지 않아 자산에 안 뜨는 것
  ◆ 거래소 내 '거래 대기' 항목 확인 필요
○ **CPC의 안내**
  ◆ "매수 직후는 '잔고'보다 '체결내역'을 먼저 보라"

Q2. 왜 갑자기 수익이 마이너스가 됐나요?
○ 실제 수익은 '매수 가격 + 수수료'를 고려해야 함

- ◆ 매수 후 코인이 조금만 떨어져도 바로 -3% 등 표시됨
- ◆ 특히 슬리피지 발생 시, 체결가가 예상보다 높을 수 있음

○ CPC의 안내
- ◆ "수익률은 숫자가 아니라, 구조로 해석해야 한다"

Q3. 출금하려는데 '지갑 주소 오류'가 떠요

○ 가능한 원인
- ◆ 출금하려는 코인의 네트워크가 맞지 않음
  (예 : TRC20 vs ERC20)
- ◆ 복사한 지갑 주소의 앞뒤 공백 혹은 형식 오류

○ 실전 팁
- ◆ 항상 **네트워크 종류와 지갑 주소 포맷**을 함께 확인할 것
- ◆ 처음엔 소액 전송으로 테스트부터

Q4. 거래소는 안전한가요? 코인을 그냥 둬도 되나요?

○ 대답은 상황에 따라 다름
- ◆ 단기 트레이딩 → 거래소 내 보관 무방
- ◆ 중장기 보유 → 개인 지갑 이동 권장

○ CPC의 설명방식
- ◆ "모든 자산은 직접 통제할 수 있어야 '내 것'이다"

Q5. 출금했는데 코인이 안 들어와요

○ 체크리스트
- ◆ 블록체인 혼잡 여부
- ◆ 거래소 출금 처리 상태

◆ 잘못된 네트워크 전송 여부
○ **실전 팁**
◆ Etherscan/Solscan 등에서 트랜잭션 확인
◆ 이상 시 거래소 고객센터에 TXID(거래번호)와 함께 문의

Q6. 처음엔 소액만 사려고 하는데 어느 코인이 좋을까요?
○ CPC의 안내
◆ "처음엔 상승률 높은 알트보다,
시장 전체를 대표하는 BTC/ETH 중심으로 연습하라"

Q7. 지금 사도 될까요?"라는 질문에 대한 CPC의 대답
"그 질문을 할 때, 당신은 이미 '자신의 기준이 없다'는 걸 말하고 있다."
→ 타이밍보다 중요한 건
◆ 내가 왜 사는가
◆ 어느 지점까지 버틸 건가
◆ 어떤 전략으로 매도할 것인가

실전 TIP – 질문은 기억보다 기록이다
많은 초보자들이
"이전에도 헷갈렸는데 또 까먹었어요…"라고 말한다.
→ CPC는 **회원에게 질문노트 작성을 권장**한다.
◆ 내가 언제 무엇을 물었는지
◆ 어떤 상황에서 어떤 실수를 했는지
◆ 다음엔 어떻게 대응할 것인지

→ 이것이 '나만의 투자 FAQ'를 만드는 과정이다

한 줄 요약

"질문은 실패의 예방이다.
같은 질문을 반복하지 않으면, 실수도 반복되지 않는다."

"코인은 선택이 아니라 구성이다 – 포트폴리오의 힘"

왜 포트폴리오가 중요한가?

처음 시작한 투자자들은 보통 이렇게 말한다.
"이 코인 좋아 보여서 그냥 이걸로 가볼게요."
하지만 시장은 단순하지 않다.

- ◆ 오를 줄 알았던 종목이 갑자기 급락
- ◆ 전체 상승장에서 유독 내 코인만 횡보
- ◆ 상장폐지나 유동성 문제로 **출구 자체가 막힐 수도 있음**

○ CPC의 시선

"한 종목은 정보가 아니라 감정에 기대게 한다.
분할된 전략만이 판단을 객관화한다."

기본적인 시드머니 분배 전략

구 분	비 율	설 명
메이저 코인	50%	BTC, ETH 등 시총 상위 / 안정성 중심
중형 알트	30%	생태계 존재 / 실체 기반 프로젝트
고위험/고수익	20%	NFT, 런치패드, 실험적 프로젝트 등

→ 포트폴리오는 **투자 목적에 따라 유연하게 조정**가능
→ 그러나 핵심은 항상: "하나에 몰빵하지 마라"

실전 포트폴리오 예시 (100만 원 기준)

- ◆ BTC : 40만 원 (대표 종목, 장기 보유)
- ◆ ETH : 10만 원 (생태계 활용 기대)
- ◆ 솔라나/폴리곤 등 : 20만 원 (알트코인 중 실체 있는 것)
- ◆ 런치패드 or NFT 관련 : 15만 원 (단기 테마형)
- ◆ 현금 보유 : 15만 원 (추가 진입 or 하락 대응용)

O CPC의 안내
- ◆ "현금도 포트폴리오다.
  아무것도 안 하는 것도 전략 중 하나다."

몰빵의 결과는 대부분 이렇다

B회원은 지인 추천으로 한 종목에 300만 원 매수
→ 2주 후 −35% 급락 → 멘탈 붕괴
→ 손절 후 시장 이탈
C회원은 3종목에 나눠서 진입

→ 1종목 하락, 1종목 횡보, 1종목 급등

→ 전체 포트폴리오 수익은 +8% 유지 → 멘탈 안정

O CPC의 분석

◆ "포트폴리오는 단순히 분산이 아니다.
리스크를 관리하면서, 판단력을 유지하게 해주는 구조다."

한 줄 요약

"몰빵은 감정이고,
포트폴리오는 생존 전략이다."

매수와 매도, 그리고 투자자의 자가 진단법

코인 투자, '매수만 알면 반쪽짜리다'

초보자들은 보통 "뭐 살까요?"라는 질문으로 시작한다. 하지만 진짜 투자는 "언제 팔까요?"라는 질문에서 실력이 갈린다.
'사는 건 쉬운데, 파는 건 어렵다'는 말은 단순한 감상이 아니다. 코인 시장은 **"매수 → 홀딩 → 매도"**라는 구조가 명확해야 비로소 전략이 세워지는 시장이다.

매수할 때 스스로에게 던져야 할 3가지 질문

    1. 나는 왜 지금 이 코인을 매수하는가?
    2. 어느 가격까지 떨어지면 포기할 것인가?
    3. 어느 가격까지 오르면 수익 실현할 것인가?

이 질문에 '감정'이 아닌 **구조적 대답**이 있어야 한다.
단순히 "좋아 보여서", "누가 추천해서", "지금 안 사면 놓칠까 봐"는 전략이 아니다.

투자는 '감정의 즉흥성'이 아니라, '기준의 반복성' 위에서 이루어져야 한다.

매도할 때 가장 많이 하는 실수 3가지
○ 수익률만 보고 일단 판다 → 시장 구조 무시
○ 하락 중인데 무서워서 판다 → 손절 기준 없음
○ 반등 중인데 아쉬워서 못 판다 → 수익 확정 미루기

모두 **계획 없는 매수의 결과**다. 처음 매수할 때 '시나리오'를 세워두면 대부분 막을 수 있다.

실전 예시 – J 회원의 매도 실수
- ◆ J는 1,000원에 산 코인이 1,300원이 되자, "더 갈 것 같다"며 홀딩
- ◆ 1,250원, 1,150원까지 하락하는데도 못 판다
- ◆ 결국 950원까지 내려가 손절

→ 이유는 하나, **매도 기준이 없었다.**

만약 목표가 1,300원에 50% 익절, 하락 시 1,150원 손절 기준을 잡았다면 결과는 달랐을 것이다.

CPC의 매수-매도 기준 세우기 훈련

매수 전 자가 점검표

체크 항목	확인 여부 (V 또는 X)
이 코인을 왜 매수하는지 명확한 이유가 있는가?	
공식 정보(백서, 팀 정보, 커뮤니티 등)를 확인했는가?	
현재 매수는 단기인가? 중장기인가? 기간 전략을 정했는가?	
이 가격에서 하락할 경우 감내 가능한 손실폭을 설정했는가?	
매수 수량과 비중을 시드머니 안에서 분배했는가?	

매수 후 감정 점검표

체크 항목	확인 여부 (V 또는 X)
체결 가격과 수수료를 확인했는가?	
자산 내역과 평단가를 명확히 파악했는가?	
급등/급락에 흔들리지 않고 감정을 기록해봤는가?	
매수 직후의 시장 상황을 차분히 분석했는가?	

매도 전략 시나리오 설정표

체크 항목	확인 여부 (V 또는 X)
목표 수익률 또는 익절 시점을 사전에 정했는가?	
하락 시 손절 기준(가격 또는 손실률)을 정해두었는가?	
매도 후 다시 진입할 계획이 있는가? 없다면 이유는 무엇인가?	
전체 물량을 나눠서 매도하는 전략을 고려했는가?	

투자자 자가 진단

다음 질문에 '예' 또는 '아니오'로 체크해보세요. 3개 이상 '예'라면, 당신은 구조를 갖춘 투자자입니다.

질 문	예	아니오
코인을 살 때마다 명확한 이유와 근거를 기록해두는가?		
감정이 아니라 전략에 따라 매도 결정을 내리는가?		
수익률보다 리스크 관리가 더 중요하다고 생각하는가?		
남의 말이 아닌 내 기준으로 코인을 고르고 매매하는가?		
실수 후 반복하지 않기 위해 복기하는 습관이 있는가?		

한 줄 요약

"투자의 성패는 매도에서 갈린다. 기준이 있는 매도는 이익이고, 기준 없는 매도는 우연일 뿐이다."

초보자가 빠지는 흔한 실수,
구조로 막을 수 있다

리딩방과 단톡방, 그 감정 구조를 꿰뚫어보라

왜 리딩방에 사람들이 몰리는가?

많은 초보 투자자들은 다음과 같은 이유로 리딩방에 들어갑니다.

- ◆ "혼자 하니까 너무 무서워서…"
- ◆ "잘 아는 사람 따라가면 괜찮을 것 같아서…"
- ◆ "수익 인증이 계속 올라오길래 혹해서…"

겉보기에는 **도움을 받기 위한 선택**처럼 보이지만, 실제로는 **의존과 감정 소비의 시작**일 수 있습니다.

리딩방의 감정 구조: 공포와 욕망을 이용한다

CPC는 단순히 '리딩방은 나쁘다'고 말하지 않습니다.
그 구조를 해부합니다.

단계	감정 구조	행동 유도
1단계	수익 인증 노출	"나도 해보고 싶다" (욕망 자극)
2단계	추천 코인 공유	"이건 무조건 오른다" (확신 심기)
3단계	초반 수익 실현	일부만 수익 보고, 대부분은 고점 진입
4단계	하락 시 침묵	관리 부재, 책임 없음
5단계	"이건 예외였다"	자기 합리화 유도, 다음 투자 유인

→ 이 구조는 **논리**가 아닌 **감정**으로 투자 결정을 유도합니다.

실제 피해 사례

○ 사례 A

회원 K는 텔레그램 리딩방에서 "급등 예정 코인"이라는 말에 전재산 중 80%를 투자.

결과 : 진입 후 2일간 급등했지만, 이후 팀 지갑에서 물량 투매 → -45% 손실.

○ 사례 B

회원 M은 리딩방에서 단타 시그널을 따라 진입.

하지만 **실시간 피드백**이 없어 하락 시 대처 못하고 멘탈 붕괴.

결과 : '본전'에 나오려고 기다리다 -70% 손실.

CPC의 설명 방식 – 왜 구조 없이 의존하면 위험한가?

리딩방, 단톡방, 지인 추천 투자…이 모든 것의 공통점은 **"판단을 위임하는 구조"**입니다.

당신은 다음 중 몇 가지에 해당하나요?

- ◆ "그 사람이 추천해서 샀어요."
- ◆ "단톡방 분위기가 너무 좋아서 그냥 믿었어요."
- ◆ "다들 이거 간다길래 안 사면 손해일까봐…"

→ 이는 모두 **판단을 포기하고, 감정을 선택한 결과**입니다.

실전 Q&A

Q. 리딩방에 들어가도 괜찮은가요?

A. 반드시 **목적과 기준이 있다면** 가능합니다. 하지만 단순히 따라가려는 마음으로 들어가면 **언젠가 반드시 손실**을 겪습니다.

Q. 리딩방에서 어떤 말은 믿을 수 있을까요?

A. 온체인 확인, 백서 분석, 시장 구조구조로 검증 가능한 정보만 신뢰하십시오.

한 줄 요약

"판단은 권한이다.
그 권한을 남에게 넘기면, 손실은 당신 몫이 된다."

따라만 가는 투자,
반복되는 손실

왜 따라가기 투자(추종 투자)는 반복되는가?

투자에 처음 진입한 사람들은 '**판단 기준**'이 없기 때문에
남의 말을 따라가게 됩니다. 이건 어찌 보면 당연한 현상입니다.
그러나 문제는…
"판단을 배우지 않으면, 계속해서 누군가를 따라가게 된다"는 데
있습니다.

- ◆ 처음엔 A 유튜버를 따라하고
- ◆ 다음엔 B 리딩방을 따라가고
- ◆ 그다음엔 C 텔레그램 시그널을 쫓아간다

그 결과는?

- ◆ 수익은 운에 맡겨지고
- ◆ 손실은 감정적 대응으로 바뀝니다

실제 사례 – 반복되는 손실의 패턴
○ 사례 A

회원 Y는 유튜브에서 "이번에 10배 갈 코인"이라는 영상을 보고 매수
. → 단기 급등 후 조정, 불안해서 손절 → -30%
→ 며칠 후, 또 다른 영상에서 "이건 진짜다"는 말에 또 진입 → -25%
→ 세 번째엔, "이건 거의 확정입니다"라는 말에 몰빵 → -60%
→ 손실보다 무서운 건, 반복이었다

CPC의 설명 방식 – 왜 반복이 멈추지 않는가?
판단 기준이 없으면, '신뢰'를 옮겨 다니게 됩니다.
A를 믿었다가 손해 보면, B로 옮기고 B가 틀리면, 다시 C로 옮깁니다.
이건 구조적 학습이 아니라,
감정적 회피의 순환 고리입니다.

실전 구조로 보는 추종 투자의 위험

상 황	추종 투자자의 반응	구조적 투자자의 반응
급등 뉴스	"지금이라도 사야 하나?"	"이건 선반영인가? 호재 구조 확인"
커뮤니티 흥분	"사람들 다 들어갔는데 나만 안 사면 바보 아냐?"	"FOMO 신호, 감정 차단 필요"
단기 조정	"이러다 다 잃는 거 아냐?"	"지지선 & 심리선에서 대응 시나리오 재확인"

→ **'같은 상황, 다른 해석'**이 바로 손실과 생존을 나누는 기준입니다.

실전 Q&A

Q. "전 그냥 방향 감각이 없어요… 남들 따라갈 수밖에 없어요."

A. 방향 감각은 '선천적 감'이 아닙니다. 구조 훈련으로 누구나 만들 수 있습니다.

Q. "그럼 아무 말도 믿지 말아야 하나요?"

A. 아니요. **말을 믿지 말고, 말의 구조를 보십시오.**
그 말이 어떤 전제에서 나왔는지, 근거는 어디 있는지, 그 구조를 분석할 수 있어야 합니다.

CPC의 실전 코멘트

"시장에서 가장 흔한 질문은 '지금 사도 될까요?' 입니다.
하지만 진짜 투자자는 이렇게 질문합니다.
'이 가격에 들어가야 할 **구조적 이유가 있는가?**'"

→ 이 질문이 당신의 투자 생존력을 좌우합니다.

한 줄 요약

"사람을 믿으면 후회하고, 구조를 보면 판단이 생긴다."

손절을 못하는 이유는 기준이 없기 때문이다

왜 손절이 어려운가?

많은 초보자들이 이렇게 말합니다.

- ◆ "손절을 못 하겠어요…"
- ◆ "혹시 오를까 봐 기다려보고 있어요"
- ◆ "한 번만 더 오르면 팔 거예요…"

이건 **의지가 부족해서가 아니라, 기준이 없기 때문**입니다.
손절은 감정의 문제가 아니라, 구조의 문제입니다. "어디까지 기다릴지" 가 아니라, "왜 기다리는지" 가 명확하지 않기 때문입니다.

실제 사례 – 기준 없는 손절의 결과

○ 사례 A

초보자 K는 100원에 매수한 알트코인 보유 중.
→ 90원, 80원, 70원… 하락

→ 팔면 손해니까 계속 보유

→ 20원까지 하락 → 결국 멘탈 붕괴 후 손절 → -80%

→ **진작 손절했으면 -10%, 안고 가다 -80% 손해**

○ 사례 B

회원 L은 같은 코인을 매수.

→ 본인의 기준: '지지선 85원이 깨지면 손절'

→ 85원 터치 후 매도 → -15%

→ 이후 60원까지 하락 → 추가 매수 → 평균단가 낮춰 수익 전환 성공

→ **결정적 차이 : 감정이 아니라 기준이 있었다는 점**

CPC의 설명 방식 - 손절 기준은 '기술'이 아니다

많은 사람들은 손절을 '차트 기술'이라고 생각합니다.

하지만 **손절은 '심리 구조 + 전략'이 있어야 작동합니다.**

CPC가 강조하는 손절 구성 3요소:

    1. 진입 이유 : 왜 이 코인을 샀는가?

    2. 리스크 구간 : 어디까지 하락하면 내 전략이 깨지는가?

    3. 감당 가능 손실폭 : 손해를 몇 %까지 감수할 수 있는가?

→ 이 3가지가 있다면, 손절은 고통이 아니라 **관리 전략**입니다.

항 목	내 용
매수 코인	A 코인
진입가	1,000원
손절선	880원 (12% 하락)
이유	전 고점 지지선 무너질 경우 추세 전환 판단
대응 전략	880원 이탈 시 전량 매도 후 반등 진입 고려

손절 기준 실전 작성 예시
실전 Q&A
Q. "어디까지 빠지면 손절해야 하죠?"

A. 가격이 아니라 구조를 기준으로 정해야 합니다.

지지선이 깨지는가, 거래량이 급감하는가, 시장 심리가 꺾였는가 등

Q. "손절이 너무 아깝게 느껴져요…"

A. 아깝다는 건 감정입니다.

당신의 감정은 시장의 전략이 아닙니다.

Q. "그래도 계속 보유하면 오르지 않나요?"

A. 어떤 건 오릅니다. 하지만 중요한 건

"기회가 아니라 시간과 감정이 묶인다"는 점입니다.

CPC 회원을 위한 손절 기준 설정 체크리스트
☐ 내가 왜 이 코인을 샀는지 설명할 수 있는가?
☐ 이 코인이 무너지는 가격 구조를 알고 있는가?
☐ 감정이 아니라, '전략적인' 손절 가격을 정했는가?
☐ 손절 시 다시 진입할 계획은 있는가?
→ 이 4가지 중 2개 이상 '아니오'라면 진입 자체를 보류해야 합니다.

한 줄 요약
"손절은 실패가 아니라 전략이다. 기준이 없는 보유가 진짜 손실이다."

감정이 전략이 되는 순간, 구조는 무너진다

투자에 감정이 개입되는 순간들

초보자든 숙련자든 누구나 감정의 파도는 피할 수 없습니다.
하지만 감정이 **의사결정의 기준**이 되는 순간,
투자는 순식간에 구조 없는 선택이 됩니다.
감정 → 판단 흐림 → 전략 붕괴 → 손실 반복
이 악순환이 바로 많은 투자자들이 겪는 '감정의 구조' 입니다.

실전 감정 개입 시나리오

○ 시나리오 1
"사야 하나 말아야 하나 고민 중…"
→ 다른 사람 수익 인증 봄
→ 조급함 → 급진입
→ 다음 날 하락 → 후회

○ 시나리오 2

매수 후 횡보

→ "왜 안 오르지?" 불안

→ 뉴스 찾아봄 → 악재 루머 접함

→ 공포 매도 → 이후 반등

○ 시나리오 3

수익 중인데 익절 타이밍 고민

→ "조금만 더 가겠지" 기대

→ 하락 반전 → 이익 사라짐 → 감정 흔들림

감정과 전략의 차이

요 소	감정 투자	전략 투자
진입 시점	남들이 살 때	시나리오에 따라
보유 근거	"그냥 느낌이 좋아서"	기술적 지표 + 시장 구조
매도 기준	공포/조급함	목표가 도달 or 구조 변형
리스크 대응	당황 → 손절 → 후회	예상 시나리오 대로 진행

→ 전략은 감정을 이기지 않는다. 감정은 전략을 부수는 힘을 갖는다.

CPC의 설명 방식 - 감정을 기록하라

감정을 없앨 수 없다면, **기록하고 분석하는 것**이 방법입니다.

CPC 회원들은 다음과 같은 '감정 노트'를 씁니다.

◆ 언제 어떤 코인을 사고

◆ 어떤 감정이 들었고

◆ 어떤 판단을 했는지
◆ 이후 결과는 어땠는지

이 노트가 반복되면,
자신의 감정 패턴을 알 수 있고,
그에 따른 대처 전략을 설계할 수 있습니다.

실전 TIP - 감정 제어를 위한 '투자 시나리오 노트' 예시

항 목	내 용
종목	SOL
매수 이유	지지선 + 거래량 증가 + 시장 반등 신호
진입가	110,000원
손절가	99,000원
목표가	140,000원
보유 전략	횡보 시 7일 간 관망 후 재점검
감정 기록	진입 시 불안 4/10, 보유 중 긴장 6/10, 첫 하락 시 불안 8/10
대응 여부	감정 따라 움직이지 않고 계획대로 유지

실전 Q&A

Q. "감정을 제어하기가 너무 어려워요…"

A. 어렵습니다. 하지만 방법이 있습니다.

→ **계획된 대응 시나리오**가 감정을 누릅니다.

→ **기록된 감정 데이터**가 판단을 도와줍니다.

Q. "이 코인만 보면 자꾸 감정이 흔들려요…"

A. 그 코인과 심리적 거리를 두세요.

→ 모니터링 제외 or 최소 비중 유지

→ 감정적 반응이 강한 종목은 전략적 판단이 어렵습니다.

감정을 전략으로 바꾸는 3가지 훈련법

1. 감정 기록 습관
   → 판단 전 감정 수준을 수치로 기록해보기 (예: 불안 7/10)
2. '만약에' 시나리오 설계
   → 오르지 않을 경우, 빠질 경우, 횡보 시 계획 미리 작성
3. 하루 1회 '판단 노트' 작성
   → 내가 내린 판단이 논리적인가? 감정적인가?

한 줄 요약

"감정은 인간적이지만, 구조는 생존적이다. 감정이 전략이 되는 순간, 투자는 무너진다."

실전 사례 : 흔한 3가지 코린이 실패 시나리오

왜 실수는 반복되는가?

초보 투자자들이 흔히 말하는 것:

- ◆ "이번엔 다를 줄 알았어요."
- ◆ "설마 이번에도 떨어질 줄은…"
- ◆ "이번에는 유튜브에서도 추천했는걸요?"

하지만 결과는 대부분 비슷합니다.

문제는 '코인'이 아닙니다.

'구조 없는 접근'이 반복되는 한, 실패도 반복됩니다.

사례 1 – 진입 타이밍을 몰라 손해 본 경우

○ 배경

A 씨는 업비트에 가입하고 처음으로 투자할 코인을 찾기 시작합니다. 유튜브에서 '급등 예정 코인 TOP3' 영상을 보고, 추천받은 코인 중 하나를

바로 시장가로 매수합니다.

○ 결과
- ◆ 매수 직후 횡보
- ◆ 며칠 뒤 −15% 하락
- ◆ 감정적으로 손절 후 탈출
- ◆ 다음 주, 반등 시작 → 허탈함

○ 문제 포인트
- ◆ 구조 없이 감정으로 진입
- ◆ 기술적 분석이나 진입 전략 전혀 없음
- ◆ '누가 말했는가'에만 의존 → 본인의 기준 없음

○ CPC의 코멘트

"진입은 근거가 아니라 구조로 결정해야 한다.
감정이 아니라, 시스템이 진입 타이밍을 알려야 한다."

사례 2 – 소문만 듣고 무리하게 들어간 경우

○ 배경

B 씨는 친구로부터 "이 코인, 미국에서 대기업이 투자했다더라"는 말을 듣고 검색해 보니 텔레그램 방에서도 언급되고 있어 더 신뢰하게 됩니다.

○ 결과
- ◆ 급하게 전 재산 중 70%를 한 번에 매수
- ◆ 1~2일 반짝 상승 후 급락
- ◆ 팀 정보 없음, 백서 미완성 상태
- ◆ 상장 폐지 루머까지 돌아 투자금 반토막

○ 문제 포인트
- ◆ 검증 없는 정보 의존

- ◆ 지갑 분산이나 시드 분할 전략 전혀 없음
- ◆ "지금 안 사면 늦는다"는 조급함에 휘둘림

○ CPC의 코멘트

"소문은 루머가 아니라 구조로 검증돼야 한다.
백서, 팀, 유통량, 스마트 계약 확인 없이 사는 것은 복불복이다."

사례 3 – 기술만 보고, 시장 구조를 놓친 경우

○ 배경

C 씨는 개발자 출신으로 백서와 기술 구조를 철저히 분석합니다. 특정 코인의 기술적 혁신성과 로드맵이 매우 훌륭해 보여서 큰 비중을 실었습니다.

○ 결과
- ◆ 실체는 있었지만 커뮤니티 부재
- ◆ 거래량 부족 → 유동성 적음
- ◆ 상장된 거래소도 소규모
- ◆ 가격은 지지부진, 타 코인 대비 수익률 낮음

○ 문제 포인트
- ◆ 기술적 완성도만 보고 투자
- ◆ 유저 기반, 거래소 채널, 투자 생태계 등 외부 구조 미반영
- ◆ 분석력은 있었지만, 시장성을 간과함

○ CPC의 코멘트

"좋은 기술이 반드시 좋은 투자처는 아니다.
'실행력 + 유동성 + 커뮤니티'까지 구조로 봐야 한다."

공통된 문제는?

문제 유형	구조가 있었다면…
감정 진입	시나리오 기준 설정 가능
정보 의존	온체인·백서 검증으로 구분
기술 몰빵	시장성과 생태계 함께 분석

실전 정리 – CPC가 제안하는 구조 점검 3단계

1. 정보 검증 구조
- ◆ 백서 읽기
- ◆ 온체인 지갑 조회
- ◆ 팀과 파트너십 이력 확인

시장성 분석 구조
- ◆ 유동성 확인
- ◆ 거래소 규모 체크
- ◆ 커뮤니티·SNS 활동 탐색

투자 전략 구조
- ◆ 시드 분할
- ◆ 손절·익절 기준 명확화
- ◆ 감정 대응 시나리오 설정

한 줄 요약
"실수는 피할 수 없다. 하지만 구조는 반복을 막을 수 있다."

반복을 멈추는 구조,
CPC 회원의 실제 적용기

구조만 바꿨을 뿐인데, 결과가 달라졌다

초보자에서 실전 투자자로 전환한 CPC 회원들의 실제 사례는 한 가지 공통점을 보여줍니다.

"정보는 비슷했지만, 구조가 달랐다."

CPC는 단순한 추천이나 이론보다
'투자 흐름 전체를 어떻게 설계할 것인가'에 집중합니다.
그 결과, 수익보다 더 중요한 변화가 나타났습니다.

사례 A – 감정 대신 기준으로 움직인 회원

○ 배경

회원 A는 가입 전, 한 번도 시드 분할이나 손절 기준을 정해본 적이 없었습니다.
늘 "지금 들어가야겠다"는 생각으로 전액 매수했고,

떨어지면 버티고, 오르면 무작정 익절하는 패턴을 반복했습니다.
- **CPC 참여 후 변화**
  - ◆ 구조 학습 : 진입 전 손절·익절 구간 설정
  - ◆ 포트폴리오 훈련 : 고위험 코인은 비중 축소
  - ◆ 감정 대응 훈련 : 시세 변동 시 '기준표' 참고
- **결과**
  - ◆ 수익률은 크지 않았지만 손실 없음
  - ◆ 투자 스트레스 감소, 판단력 향상
  - ◆ 이후 NFT 런치패드 사전 진입 성공
- **핵심 포인트**

"기준을 갖고 나서야 진입이 늦어도 손실이 줄었다."

사례 B – 온체인 확인으로 사기를 피한 회원

- **배경**

회원 B는 친구가 추천한 A 코인에 관심을 가졌습니다.
텔레그램에선 "이미 투자자 다수 확보, 곧 상장 예정"이라는 정보도 돌고 있었습니다.

- **CPC에서 한 행동**
  - ◆ 스마트 계약 주소 조회
  - ◆ 팀 지갑 이력 분석
  - ◆ 락업 조건 코드 확인
- **결과**
  - ◆ 팀 지갑에서 최근 다량 출금 기록 발견
  - ◆ 락업 기능 없음 → 사기 가능성 높음
    - → 진입 포기, 전액 보존

○ **핵심 포인트**
"사기인지 아닌지는, 온체인이 말해준다."

사례 C – 질문 훈련으로 스스로 해석하게 된 회원
○ **배경**
회원 C는 처음에는 모든 질문을 '누구한테 물어봐야 하지?' 라는 태도로 시작했습니다.
그러나 CPC에서는 '질문을 기록하라' 고 가르쳤습니다.

○ **적용 과정**
- ◆ 매수 전 항상 3가지 질문
    - ① 이 코인의 진입 이유는 무엇인가?
    - ② 지금이 적절한 시점인가?
    - ③ 나의 자금 관리 전략은 어떤가?
- ◆ 매수 후 감정 상태 기록
- ◆ 매도 시에는 익절/손절 이유 정리

○ **결과**
- ◆ 매번 기록하면서 실수를 줄임
- ◆ 혼자서도 투자 판단 가능
- ◆ 최근 런치패드 진입 타이밍 정확히 잡음

○ **핵심 포인트**
"질문을 하면 배운다. 기록하면 남는다."

CPC의 구조 변화 훈련법 요약

구성 요소	핵심 질문
정보 구조	이 정보는 누가, 어떤 목적에서 유통하는가?
진입 전략 구조	지금 진입해야 하는 이유는? 대기 전략은 있는가?
감정 대응 구조	흔들릴 때 무엇을 기준으로 삼을 것인가?
온체인 활용 구조	내가 보고 있는 것은 주장인가, 검증 가능한 데이터인가?

→ 이 4가지만 훈련하면, 대부분의 감정적 실수는 줄어든다.

한 줄 요약

"실수는 지식 부족이 아니라 구조 부족에서 온다. 구조가 바뀌면 사람도 바뀐다."

코린이 생존 원칙 : 감정 통제는 구조가 만든다

감정은 코인 시장의 기본값이다

투자는 숫자의 게임이 아니라 감정의 전쟁이다. 초보일수록 아래와 같은 감정 구조 속에 빠지기 쉽다:

- ◆ 오르면 놓칠까 불안
- ◆ 떨어지면 무서워서 손절
- ◆ 횡보하면 지루해서 갈아탐
- ◆ 루머에 흔들리고, 인증에 자극받고, 분위기에 휩쓸림

이런 감정은 '정보 부족'이 아니라, **'구조 부재'** 에서 비롯된 반사작용이다.

왜 구조가 감정을 잡아주는가?

구조가 있다는 것은 결정 전에 이미 시나리오를 짜놓았다는 뜻이다.

- ◆ 이 가격까지 빠지면 손절한다

- ◆ 이 구간에서 분할매수 시작한다
- ◆ 뉴스가 나와도 온체인으로 확인한다
- ◆ 수익률 20%면 50%만 익절하고 나머진 홀딩한다

이런 기준들이 있으면,

불안해도 움직이지 않고

탐나도 욕심내지 않으며

떨어져도 패닉셀하지 않는다.

O CPC의 설명 방식

"감정은 누구에게나 있지만, 구조는 준비한 사람만이 가진다."

CPC 생존 원칙 : 코린이를 위한 5가지 체크 기준

1. 시나리오 없는 매수는 감정이다
   → 반드시 '지지선'과 '익절선'을 정한 뒤 진입하라
2. 정보를 확인 없이 믿는 것은 도박이다
   → 스마트 계약, 지갑 주소, 락업 조건을 직접 확인하라
3. 몰빵은 투자 전략이 아니라 위험한 감정이다
   → 최소한의 포트폴리오 분산 구조를 먼저 세워라
4. 공포에 움직이는 것은 구조의 부재다
   → 하락장일수록 매수 기준을 명확히 점검하라
5. 익절 후 후회는 감정, 계획된 익절은 전략이다
   → 수익률 목표와 분할 익절 계획을 세워놓자

실제 회원의 변화

CPC 회원 D는 처음에는 시세에 따라 1일 3번씩 사고팔며계좌가 점점 줄어들었다.

하지만 CPC 가이드대로 매수 전
"내가 이걸 왜 사려는가?"
"어디까지 갈 때 팔 건가?"를 종이에 쓰게 했고,
→ 그 결과, 거래 횟수는 줄고, 익절 비율은 늘었다.
→ 단 한 가지, 구조만 바꿨을 뿐이었다.

CPC가 말하는 코린이 생존 철칙

감정 반응	구조적 대응 방법
급등 뉴스에 흥분	뉴스 발생 시간, 온체인 반영 여부 체크
하락장에서 공포	RSI/거래량 분석 + 스테이블 비중 확대 검토
주변 수익 인증에 자극	내 포트폴리오와 시드 비중, 리스크 분석 기준 재점검
한 번 물렸을 때 분노	과거 실수의 원인을 기록 → 반복 방지 전략 수립

마무리 : 감정을 이기는 유일한 방법

투자에서 감정을 없앨 수는 없습니다.
그러나 **감정을 '통제 가능한 구조' 안에 넣는 것,**
그게 우리가 말하는 생존 전략입니다.
'공부'가 부족해서가 아닙니다.
'기준'이 없기 때문입니다.
CPC는 그 기준을 설계하는 구조를 제공합니다.

한 줄 요약

"감정은 누구에게나 있지만, 구조는 준비한 사람만이 가진다."

정보는 무기다
- 해석력 훈련법

정보는 넘치고,
진짜는 너무 적다

금은 정보의 홍수 속에서 살아남는 시대다
초보 투자자들이 가장 많이 하는 말 중 하나는
"정보가 너무 많아요. 뭘 믿어야 할지 모르겠어요."이다.
실제로도 지금은 '정보 부족'이 문제가 아니다.
'정보 과잉'이 오히려 더 위험하다.

- ◆ 유튜브에선 '이 코인 10배 간다'
- ◆ 텔레그램에선 '이번 주 안에 상장 확정'
- ◆ 트위터에선 '누가 매집 중'
- ◆ 뉴스에선 'ETF 승인 기대감'
- ◆ 커뮤니티에선 '떡상 예정'이라는 글이 수십 개

그런데 이런 정보들을 아무 기준 없이 받아들이면, 결국 판단은 **누가 말을 더 세게 하느냐에 휘둘린다.**

진짜는 많지 않다 – 왜곡된 정보 생태계

코인 정보 시장은 **'속도 중심'**이다.

가장 먼저 말한 사람이 주목받고,

가장 자극적인 말이 클릭을 얻는다.

이 구조는 다음과 같은 왜곡을 낳는다.

정보 형태	문 제 점
루머	출처 불분명, 검증 불가
편집된 차트 해설	결과론적 설명, 실시간 해석 부재
광고성 추천 글	수익 인증 위주, 위험 경고 부족
과장된 유튜브 제목	클릭 유도용, 실제 내용은 보편적 수준

CPC의 시선

"정보는 많지만, **판단력 없이 소비하면 독이 된다.**"

투자자는 정보 소비자가 아니라 해석자가 되어야 한다

정보가 무기이려면 **분별력**이 있어야 한다.

정보를 보는 눈 없이 받아들이면,

오히려 그 정보 때문에 **손실이 커진다.**

○ 실전 사례
- ◆ A는 유튜브에서 '○○코인 곧 상장'이라는 썸네일을 보고 전액 매수
    - → 알고 보니 2년 전 영상 재활용 + 해당 프로젝트 상장 연기
    - → 진입가 대비 35% 하락
- ◆ B는 뉴스에서 'ETF 심사 지연' 소식을 보고 공포에 매도

→ 시장은 이미 반영한 상태였고, 1주일 뒤 반등
→ 손절 후 후회만 남음
→ 문제는 정보가 아니라, **해석의 기준이 없던 것**이었다.

CPC의 정보 분류 기준

CPC는 회원들에게 정보를 전달할 때 다음과 같은 구조로 분류한다.

구 분	설 명	실제 활용 예시
팩트 기반 정보	공식 발표, 온체인 기록, 백서 내용	"이더리움 하드포크 일정 발표" (공식 블로그)
해석 기반 정보	차트 분석, 시세 흐름 예측, 커뮤니티 분석	"지지선 근처에서 매집 가능성 보임"
루머/감정 기반 정보	출처 불분명, 자극적인 문구, 과도한 수익 주장	"3일 안에 10배 간다", "고래가 매집 중" 등

CPC의 설명 방식

"모든 정보는 일단 3구역으로 나누고,
팩트만 먼저 확인하는 훈련을 한다."

감정은 정보를 왜곡시킨다

사람은 정보를 '있는 그대로' 보지 않는다. 기대가 클 땐 긍정적으로, 두려울 땐 부정적으로 해석한다.

- ◆ 내가 산 코인 뉴스는 좋게 보이고
- ◆ 내가 안 가진 코인은 경계심을 가지고
- ◆ 루머라도 내 기대와 맞으면 믿고 싶어진다

→ 이 감정 왜곡은, **투자의 가장 큰 리스크**가 된다.

마무리 정리
- ◆ 정보는 무기지만, **해석이 없다면 독이다**
- ◆ 빠르게 많이 보는 것보다, **정확하게 분류하고 구조화하는 것이 핵심이다**
- ◆ 감정에 휘둘리지 않는 정보 판단 기준이 있어야 한다

한 줄 요약

"정보는 누구나 볼 수 있다.
하지만 해석은 준비된 사람만이 할 수 있다."

루머의 패턴,
사기의 언어

사기는 감정의 빈틈을 파고든다

투자자 대부분은 이렇게 말한다. "나는 절대 사기에 안 당할 거야." 하지만 사기는 '지식이 없는 사람'만 노리지 않는다. 사기는 '기대와 불안이 혼재된 사람'을 정교하게 노린다.

- ◆ 욕심 : "이 정도 수익률이면 위험해도 해볼 만해"
- ◆ 조급함 : "지금 아니면 기회 놓치는 거 아냐?"
- ◆ 소외감 : "다른 사람은 벌었다는데 나만 뒤처진 건가?"

○ CPC의 설명 방식
"사기성 정보는 지식보다 감정을 먼저 공격한다."

사기의 언어는 정형화되어 있다

사기 조직이나 고위험 유도 정보는 대체로 '비슷한 말'을 반복한다. 대표적인 패턴은 다음과 같다.

패턴 유형	설 명	예시 문구
고수익 보장	불가능한 수익률을 마치 확정처럼 말함	"100만원 넣으면 한 달 뒤 300만원 보장"
내부자 정보 강조	외부에서는 모르는 '비밀 정보'를 아는 것처럼 유도	"개발자와 직접 연결돼 있어요", "미공개 소식인데요…"
시간 압박	판단 시간을 주지 않고 조급함을 조장	"오늘 안에만 가능", "선착순 10명만 참여돼요"
손실 회피 자극	불안감을 유발해 무리한 진입 유도	"지금 안 들어가면 기회 놓칩니다", "다들 매수하고 있는데요?"

→ 감정과 본능을 자극하는 구조다.

이것이 **'언어로 짜여진 덫'**이다.

루머는 빠르고, 구조는 느리다

루머는 빠르게 퍼진다.

"이거 상장한다더라"

"○○ 고래가 매집했다더라"

"개발자 이력 대단하대"

하지만 정작 확인해보면:

- ◆ 상장은 내부 검토 중일 뿐
- ◆ 매집이라던 지갑은 오히려 출금 중
- ◆ 개발자는 실명도 공개된 적 없음

○ 실전 사례

- ◆ A는 "팀 지갑 락업이라 괜찮다"는 루머를 듣고 투자

→ 온체인으로 확인한 결과, 팀 지갑 이미 거래 다수
◆ B는 "고래 매집 중"이라는 텔레그램 말 믿고 진입
→ 해당 주소는 실제로는 '매도 후 유동성 제거' 패턴

○ CPC의 시선
"루머는 진입을 재촉하고, 확인은 타이밍을 준다"

루머와 사실을 구분하는 3단계 질문

CPC는 모든 정보에 대해 아래의 3단계를 훈련시킨다.

1. 출처는 공식적인가?
◆ 뉴스인지, 커뮤니티인지, 유튜브인지 구분

온체인으로 확인 가능한가?
◆ 실제 지갑 주소나 트랜잭션이 있는가?

나의 전략과 연결되는가?
◆ 진입 시점과 시나리오가 내가 짜놓은 전략 안에 포함되는가?

→ 이 3단계 중 1개라도 불분명하면, **보류가 정답이다**

실전 사례 – 루머로 인해 발생한 피해

사례 구분	내 용
사례 A	파이코인 상장 루머로 인해 수천 명이 OTC(장외거래)로 미리 매수 → 상장 지연 → 피해 발생
사례 B	NFT 민팅 참여 후 "다시 민팅 열린다더라"는 루머로 재진입 → 실제 민팅 없음 → 팀 지갑이 수량만 다시 풀고 가격 급락
사례 C	런치패드에서 "확정 물량 배정된다"는 말 믿고 시드 몰빵 → 알고 보니 조건 미충족 → 물량 못 받고 손실

→ 진짜 리스크는 정보 자체보다, **"확인되지 않은 말에 반응한 내 행동"**이었다

마무리 정리

- ◆ 루머는 구조가 없다. 감정만 있다.
- ◆ 사기성 정보는 '좋은 말'로 다가오지만, 결과는 반대다
- ◆ 모든 정보는 출처, 검증, 전략 3가지 필터로 거쳐야 한다

한 줄 요약

"루머는 말이지만, 구조는 증거다.
확인 없는 믿음은 투자에서 가장 큰 리스크다."

뉴스 한 줄, 어떻게 해석해야 하는가

뉴스는 팩트다. 그러나 '해석'은 사람마다 다르다

뉴스는 객관적 사실처럼 보인다.
하지만 시장에선 같은 뉴스가 전혀 다른 방식으로 소비된다.

- ◆ 누군가는 **"호재다!"** 하고 진입하고,
- ◆ 누군가는 **"이건 함정일 수 있어"** 하며 회피한다.

문제는 뉴스 자체가 아니라,
그 뉴스를 어떻게 해석하는가에 달려 있다.

같은 뉴스, 다른 반응의 실전 예시

뉴스 제목 : "SEC, 이더리움 ETF 승인 지연 결정"

"지연은 예상된 시나리오였어. 조정 후 진입 기회로 본다" → 분할 매수

→ 실제로 이더리움은 단기 조정 후 회복→ A는 손절, B는 익절
○ CPC의 설명 방식

"뉴스는 정보가 아니라, 구조 안에서 해석될 때 기회가 된다"

뉴스 해석력의 3가지 포인트

CPC는 뉴스를 다음 3단계로 해석하도록 안내한다.

1. 정보의 '위치'를 파악하라
   - ◆ 선반영 되었는가?
   - ◆ 예측 범위 안의 내용인가?
   - ◆ 이미 가격에 포함된가?

   시장 감정과 '온도차'를 점검하라
   - ◆ 이 뉴스에 대한 커뮤니티 반응은?
   - ◆ 트위터, 텔레그램, 커뮤니티가 과하게 들떠 있지 않은가?

   내 전략 안에서 '움직일 자리'가 있는가?
   - ◆ 진입, 대기, 회피 중 어떤 행동을 할 것인가?
   - ◆ 이 뉴스가 '변수'인지, '확정된 흐름'인지 구분할 수 있는가?

실전 사례 - 뉴스만 믿고 진입했을 때 생기는 일

| 사례 A | B 회원은 유튜브에서 "비트코인 반감기 임박! 상승 시작된다"라는 내용을 보고 올인 매수 || 결과 | 며칠간 횡보 후 단기 급락 → 멘탈 붕괴 → 손절 |

→ 확인해보니 반감기까지는 아직 3개월 남았고, 이 뉴스는 단순 조회수용 영상

○ 핵심 교훈

- ◆ 뉴스는 시점이 중요하다
- ◆ 시장에 이미 퍼진 정보는 '기회'가 아니라 '소음'일 수 있다

CPC 회원을 위한 뉴스 해석 훈련

CPC 내부에서는 뉴스 해석 훈련을 이렇게 진행한다.

○ **뉴스 예시:** "솔라나 기반 디앱 사용자 수 30% 증가"

1. 사실 파악
   → 공식 트래픽 통계? 특정 서비스 기준?
2. 시장 반응 점검
   → 커뮤니티에서 실제 유저 반응은?
3. 투자 연결 여부
   → SOL 가격과의 상관관계는?
   → 해당 디앱이 SOL 수요를 유의미하게 높이는가?

→ 결론 : **그냥 숫자가 아닌, 투자 연결 구조를 파악해야 진짜 해석이다**

뉴스보다 '판단'이 먼저인 이유

뉴스를 먼저 보면 감정이 움직인다. 판단 기준이 없으면 '매수 버튼'이 먼저 눌린다. 그래서 CPC는 뉴스를 해석할 때, 감정이 아닌 구조로 접근하는 훈련을 강조한다.

○ **대표적인 오해**
- ◆ "뉴스 나오면 바로 움직여야 한다" → **X**
- ◆ "지금 다들 말하니까 나도 해야겠다" → **X**
   → 진짜 전략가는, 뉴스가 아니라 **구조 속 시나리오**로 움직인다

마무리 정리

- ◆ 뉴스는 '정보'일 뿐, 그것이 '전략'은 아니다
- ◆ 해석은 기준이 있을 때만 의미를 갖는다
- ◆ 같은 뉴스라도 '타이밍과 연결 구조'에 따라 결과는 정반대가 된다

한 줄 요약

"뉴스는 행동의 근거가 아니라, 판단의 재료다.
해석할 수 없으면, 따라가지 말라."

실전 정보 필터링 체크리스트

정보가 많을수록, 더 많은 '의심'이 필요하다

정보가 넘치는 세상에서 가장 위험한 것은 '정보가 없다'가 아니라 '정보를 있는 그대로 믿는 태도'이다.

요즘 코인 투자자들이 가장 많이 하는 실수는 다음과 같다:

- ◆ 누가 말했다고 해서 믿고
- ◆ 영상 조회수가 많다고 해서 따라가고
- ◆ 커뮤니티가 흥분해 있다고 해서 덩달아 진입한다

하지만 실제로 수익을 내는 사람은,
모든 정보를 '검증 필터'에 통과시킨 뒤 움직인다.

CPC식 실전 정보 필터링 체크리스트

CPC는 회원들에게 다음과 같은 기준을 제시한다. 정보가 올라왔을 때, 이 6가지 질문을 해보라.

1. 누가 말했는가? – 발신자의 신뢰도
- ◆ 개인인가? 조직인가?
- ◆ 해당 발언을 반복해온 과거 이력이 있는가?
- ◆ 그 사람은 실제로 '리스크를 감수하는 입장'에 있는가?

→ 예 : 개발자 AMA 발언 vs. 무명 유튜버 루머 영상

2. 언제 나온 정보인가? – 시점 확인
- ◆ 이 정보는 '최신'인가, 오래된 과거의 이야기인가?
- ◆ 가격에 이미 반영되었는가?

→ 예 : "반감기 임박!"은 6개월 전부터 나오는 이야기
→ 이미 선반영되었다면, 늦게 진입한 쪽만 당한다

3. 어디서 나왔는가? – 출처 검증
- ◆ 공식 트위터, 백서, 팀 블로그 등 정식 루트인가?
- ◆ 커뮤니티나 단톡방, 익명 출처인가?

→ 가짜 뉴스는 항상 비공식 출처에서 시작된다
→ 온체인 정보 or 공식 자료로 크로스체크 필요

4. 무엇을 말하고 있는가? – 내용의 실체
- ◆ 단순한 느낌인가, 구체적인 수치인가?
- ◆ 검증 가능한 근거가 포함되어 있는가?
- ◆ 실제 투자 구조에 연결되는 정보인가?

→ 예 : "프로젝트가 대박 날 것 같다"는 감정
→ "토큰 물량이 70% 팀 보유, 락업 미설정"은 구조

5. 어떻게 움직이게 만드는가? – 감정 자극 체크
- ◆ 정보가 당신의 탐욕을 자극하는가?
- ◆ 아니면 공포를 유도하는가?

→ "지금 안 사면 기회 놓친다"
→ "오늘 안에 매수 안 하면 늦는다"
→ 이런 문장은 '정보'가 아니라 '선동'이다

6. 나의 전략과 연결되는가? – 구조 내 포지션 판단
- ◆ 지금 이 정보가 내 투자 시나리오에 어떤 영향을 주는가?
- ◆ 판단 구조 없이 받아들이는 정보는 대부분 감정의 씨앗이 된다

→ "나의 시나리오 안에서 의미가 없다면, 과감히 패스하라"

실전 적용 예시

어떤 단톡방에 "A 코인 상장 임박, 고래 매집 완료"라는 정보가 떠돌 때

필터 기준	내 용
누가 말했는가?	닉네임만 있는 익명 유저
언제?	한참 전부터 떠돌던 내용
출처?	공식 트위터·홈페이지엔 관련 내용 없음
실체?	백서·온체인 상 매집 흔적 없음
감정 자극?	"지금 아니면 놓친다"식 표현
나의 전략?	이 코인은 분석 대상이 아님

→ **결과: 진입 보류, 추가 확인 후 판단**

PC의 조언
정보가 많을수록,
중요한 것은 '더 많은 정보'가 아니라
더 잘 걸러내는 기준이다.
정보는 무기지만,
사용법을 모르면 흉기가 된다.

한 줄 요약
"정보는 걸러야 한다. 감정이 아니라 기준으로 판단하라."

CPC 회원의 실제 해석 전략 공유

정보 해석, 누구나 처음엔 두렵다

"제가 뭘 안다고 해석까지 해요?" "뉴스는 봐도 잘 모르겠어요…" CPC에 처음 들어온 회원들이 가장 많이 하는 말이다.
하지만 '정보 해석'은 특별한 능력이 아니다.
기준과 틀이 있으면, 누구나 익힐 수 있는 기술이다.

CPC 회원 A의 변화 사례

A 회원은 '뉴스를 보면 불안해지는 사람'이었다.
- ◆ 특정 코인이 '상장폐지 검토' 기사 하나로 급락
- ◆ 단톡방에서 "이제 끝났다"는 말이 돌기 시작
- ◆ A는 급하게 전량 손절하고 퇴장

그러나 CPC 가입 후 A는 **3단계 기준**을 익혔다:
    1. 뉴스의 시점과 영향력 분석

2. 공식 발표/공시 자료 확인

3. 온체인 지갑 움직임 체크

같은 상황이 다시 왔을 때, A는 이렇게 행동했다:

- ◆ "일단 거래소 공지는 아직 없다"
- ◆ "팀 지갑은 움직이지 않고 있다"
- ◆ "시장 전체 하락도 아닌, 단일 이슈일 가능성"

→ 3일 후 해프닝으로 판명 → 가격 회복 → A는 보유 유지로 수익

회원 B의 차트 중심 사고 전환

B는 차트만 보는 투자자였다. 뉴스가 나와도 "결국 다 가격에 반영돼"라고 넘겼다.

하지만 한 번은 큰 손실을 겪었다.

- ◆ 어떤 프로젝트가 신규 파트너십을 발표
- ◆ 시장은 급등했지만, B는 이미 하락 추세로 본 상태
- ◆ 공시를 무시하고 '더 떨어질 것'이라고 예측
  → 결과 : 매수 기회 놓침, 이후 반등 50% 이상

이후 CPC에서 B는 뉴스 + 차트를 **동시 교차 해석**하는 법을 익힘

요소	질 문
뉴스	이 뉴스는 펀더멘탈을 바꾸는가? (실제 계약, 투자 유치 등)
차트	이 가격은 기술적으로 저항/지지 구간인가?
시장	전체 시장 흐름과 이 프로젝트의 상관성은?

→ 이후, 차트만 보던 B는 '뉴스 기반 반응'까지 반영하는 판단자로 성장

CPC 회원 C의 전략적 침묵

C는 조용히 관찰만 하는 회원이었다. 말도 없고 질문도 없던 그는, 어느 날 이런 말을 남겼다:

"이제는 누가 뭐래도, 내 기준 안 맞으면 안 움직입니다."

C는 다음과 같은 자기 기준표를 만들었다:

- ◆ 백서 확인
- ◆ 온체인 기준 락업 물량 확인
- ◆ 커뮤니티 활동성
- ◆ 실사용 사례 유무

이 기준을 벗어나는 정보는 아무리 좋아 보여도 패스
→ 손실은 줄고, '확신 있는 진입'만 하게 됨
→ 자신감과 수익률 동반 상승

CPC가 강조하는 3단계 해석 루틴

1. 팩트 확인
- ◆ 뉴스 출처, 공식 여부, 온체인 검증

구조 분석
- ◆ 이 정보가 프로젝트의 수익 구조나 흐름을 바꾸는가?

전략 연동
- ◆ 나의 포트폴리오와 타이밍에 어떤 의미를 갖는가?

실전 정리 – 해석 전략의 핵심은 '모든 걸 해석하려 들지 않는 것'

정보를 해석한다는 건
'모든 걸 믿는다'는 뜻이 아니다.
오히려 '걸러낼 줄 아는 능력'이다.

- ◆ 뉴스가 떴다고 해서 곧장 사지 않고
- ◆ 루머가 돌아도 구조를 보고
- ◆ 모두가 말해도 내 전략 안 맞으면 넘긴다

→ 이것이 CPC의 해석 철학이다

한 줄 요약
"정보 해석은 센스가 아니라, 기준 훈련이다."

판단의 틀을 갖춘 사람만이 정보 속 기회를 본다

"정보는 누구에게나 오지만, 기회는 누구에게나 오지 않는다"

CPC는 이 원칙을 반복해서 강조한다.

왜일까?

정보가 쏟아지는 시대지만,

그 정보를 **기회로 연결시키는 능력은 드물기 때문**이다.

즉, 기회는 정보의 양이 아니라 '판단의 틀'이 있는 사람에게만 열린다.

판단의 틀, 어떻게 만들어야 할까?

CPC는 다음의 **3대 질문**을 기준으로 삼는다:

1. "이 정보는 어떤 구조의 일부인가?"
   → 가격만 보지 말고, 생태계 흐름에서 위치를 파악하라
2. "이 정보는 누구에게 이득이 되는가?"
   → 프로젝트, 거래소, 리딩방 등 이해관계를 분석하라

3. "이 정보를 지금 받아들이는 게 나에게 어떤 의미인가?"
→ 지금 진입/유지/회피 중 무엇을 선택할 것인가

실전 비교 – 판단 틀이 있는 사람 vs 없는 사람

상 황	판단 틀 없는 사람	판단 틀 있는 사람
신규 상장 코인 발표	"무조건 오른다" 진입	백서 분석 → 파트너사·락업 조건 체크
루머: 고래 매집설	"늦기 전에 들어가야지"	지갑 분석 툴로 거래 내역 확인
유튜브 추천 코인	"조회수 많으니 믿을만 해"	과거 이 유튜버 수익률과 트랙 레코드 분석

→ 같은 정보를 보지만, 해석 구조가 전혀 다르다.

판단의 틀을 갖춘다는 건, 단호해지는 것이다

틀이 생기면, 쓸데없는 정보는 **과감히 무시**할 수 있게 된다.

- ◆ "이건 내가 들어갈 자리가 아니다"
- ◆ "지금은 기다릴 때다"
- ◆ "이건 구조가 없다. 스킵"
- ◆ "내가 준비되었을 때 다시 보자"

→ 정보에 휘둘리지 않고, **정보를 이끄는 사람**이 된다

CPC 회원의 판단 기준표 공유

아래는 CPC의 실전 훈련 시 사용하는 판단 기준표 중 일부이다:

항 목	체크 기준
백서 구조	수익모델, 분배구조, 실사용성
지갑 투명성	락업 지갑, 팀 지갑, 온체인 거래 이력
시장 타이밍	전체 시장 흐름과의 연동
커뮤니티 활동성	AMA, 트위터, 텔레그램 등 실시간 반응
진입 전략	나의 포트 구성과 타이밍의 적합성

→ 이 기준표를 습관처럼 점검하면,
판단이 감정이 아닌 **'구조에 근거한 선택'**으로 바뀐다

CPC의 시선 – "정보는 바다다. 지도 없이 가면 조난된다."

정보가 많을수록, 초보자들은 방향을 잃기 쉽다.그렇기에 판단의 틀은 나침반이자 구조도다.

◆ 정보를 어디서 봐야 하는가?
◆ 어떤 순서로 해석해야 하는가?
◆ 어떤 기준에서 스킵해야 하는가?

이 세 가지가 연결되어야당신의 '판단력'은 정보의 파도 속에서 살아남는다

한 줄 요약

"판단은 감이 아니라 구조다. 틀이 없는 정보는 기회가 아니다."

정보 해석자의 시대가 온다

더 이상, '정보 수집가'로는 살아남을 수 없다

이제는 정보가 부족한 시대가 아니다. 문제는 **"너무 많아서 구별이 안 되는 것"**이다.

누가 말하든, 어떤 채널에서 봤든,

'정보를 수집하는 능력' 만으로는 **절대 생존할 수 없다.**

해석자만이 살아남는다.

- ◆ 흐름을 꿰뚫는 사람
- ◆ 뉴스의 배경을 읽는 사람
- ◆ 구조를 파악하고 '지금'과 연결할 수 있는 사람

투자자의 미래는 '정보 해석력'이 결정한다

향후 3~5년 후, 시장은 이렇게 나뉠 것이다:

유 형	특 징	생존 가능성
정보 소비자	카더라에 반응, 루머에 감정적 대응	X 지속적 손실 가능성
정보 수집가	단순히 뉴스/영상 저장	X 실전 연결 실패
정보 해석자	구조+맥락+시점으로 판단	☑ 기회 포착 가능

→ 결국, 누구든 정보는 볼 수 있다.
하지만 해석은 아무나 못한다.

실전 적용 – 해석자가 되기 위한 3가지 훈련
CPC는 다음의 3단계 훈련을 통해 회원들을 '정보 해석자'로 만들어간다.
1. 비교 분석 습관
- ◆ "비슷한 뉴스가 다른 프로젝트에도 있었는가?"
- ◆ "이런 흐름은 과거에 어떤 결과를 만들었는가?"

타이밍 연습
- ◆ "이 뉴스는 선반영 되었는가?"
- ◆ "지금 진입이 타당한 이유가 있는가?"

팩트 확인
- ◆ "이 뉴스의 출처는 무엇인가?"
- ◆ "온체인에서 확인 가능한가?"

→ 이 3가지 훈련만 반복해도
당신은 정보 소비자에서 **정보 판단자**로 성장할 수 있다.

실전 사례 – 판단자는 어떻게 움직였는가?
B회원은 다음과 같이 행동했다:
- ◆ 뉴스 : "A코인, 고래 매집 급증"

- ◆ → 과거 유사 뉴스 3건 비교
- ◆ → 온체인 분석 : 고래 지갑은 '내부 관계자' → 잠재적 매도 가능
- ◆ → 커뮤니티 반응: 과열 분위기
- ◆ → 결론 : '지금 진입 아님' → 진입 보류

3일 후 급등 → 폭락 → 매수자들 피해
→ B회원은 수익을 놓쳤지만, 손실도 피했다.

진짜 투자자는, 리스크를 피해가는 판단에서부터 시작된다.

CPC의 철학 – 판단자는 스스로 질문한다

- ◆ "이건 어떤 구조 위의 이야기인가?"
- ◆ "나는 왜 지금 이걸 보게 되었는가?"
- ◆ "이 정보는 누구에게 이득이 되는가?"
- ◆ "지금 판단해도 되는 충분한 근거가 있는가?"

이 질문을 던질 수 있을 때,
당신은 정보의 소비자가 아니라 **정보를 해석하는 자**가 된다.

마무리 체크리스트 – 나는 정보 해석자인가?

아래 항목 중 몇 개나 '예'라고 말할 수 있는가?

- ◆ 뉴스를 보면 구조를 먼저 본다
- ◆ 진입 시, 항상 근거 3가지를 적어본다
- ◆ "왜 지금인가?"라는 질문을 습관처럼 던진다
- ◆ 투자 후 결과보다 과정 점검을 먼저 한다
- ◆ 루머가 뜨면, 우선 출처와 온체인 확인을 한다

→ 3개 이상 해당된다면, 당신은 이미 '해석자'의 길 위에 올라서 있다.

한 줄 요약

"정보 해석자는 감정이 아닌 구조로 움직인다.
그리고 그들이 미래 시장의 승자가 된다."

온체인은 거짓말하지 않는다

온체인의 개념과
투자자 입장에서의 중요성

왜 '온체인'을 알아야 하는가?

초보자일수록 '정보'를 사람의 입에서 찾는다.

"이거 진짜래요?"

"누가 매수했다는데요?"

"지금 이거 뜨는 중이래요"

하지만 진짜 투자자는 정보를 '사람'이 아닌

기록과 데이터에서 확인한다.

그 중심에 있는 것이 바로 **온체인(On-chain)**이다.

온체인(On-chain)이란 무엇인가?

온체인이란,

블록체인에 직접 기록된 거래·지갑·토큰·계약의 모든 내역을 말한다.

◆ 누가, 언제, 얼마를 주고 어떤 코인을 전송했는지

◆ 지갑에 얼마가 들어 있고, 얼마를 어디로 보냈는지
◆ NFT가 몇 개 발행됐는지
◆ 스테이킹이 언제 시작되고, 락업이 언제 끝나는지

이 모든 정보가 **거짓 없이 기록**되어 있다.
그리고 누구나 열람할 수 있다.

온체인을 모르면 벌어지는 일

코인 시장에는 매일같이 이런 말들이 떠다닌다:
◆ "이 프로젝트는 락업이라 덤핑 걱정 없어요"
◆ "이번 NFT, 완판됐대요"
◆ "이거 고래가 매집 중이래요"

그런데 온체인을 보면?
◆ 락업이라던 물량, 실제로는 전송 가능 상태
◆ 완판이라던 NFT, 50%만 민팅
◆ 매집이라던 고래 지갑, 오히려 전량 매도 중

→ 즉, **온체인을 확인하지 않으면, 우리는 쉽게 속는다.**

실전 사례 – 온체인을 몰랐던 피해

회원 A는 이렇게 말했다:

"팀이 락업이라 괜찮다고 해서 샀는데…
다음날 전량 물량 던지기 당했어요.
알고 보니 락업은 말뿐이더라고요."

→ 이후 CPC의 안내로 스마트 계약 주소를 확인해보니 락업 조건이 설정되지 않은 일반 토큰 컨트랙트였다.

그 이후 A는 말한다:

"이젠 누가 뭐라 해도 직접 확인부터 합니다."

CPC의 설명방식 – 온체인은 투자자의 '진실 필터'이다
CPC는 온체인을 이렇게 정의한다:

"온체인은 '사실'이고, 오프체인은 '의견'이다. 투자 판단은 의견이 아니라 사실 위에서 이루어져야 한다."

초보자를 위한 개념 요약

구 분	설 명	투자자에게 주는 의미
온체인	블록체인 상의 모든 거래 기록	누구나 확인 가능, 조작 불가
트랜잭션	하나의 거래 단위	지갑 간 이동, 스테이킹 등
스마트 계약	자동 실행 코드	락업, 민팅 등 자동 실행 조건
지갑 주소	개인이 가진 디지털 주소	거래/보유 자산 확인 가능
블록 익스플로러	온체인을 볼 수 있는 사이트 (예: Etherscan)	조회 및 분석의 창구

다음 체크리스트 – 온체인을 이해했는가?
- ◆ 나는 '지갑 주소'를 보고 실제 보유량을 확인할 수 있는가?
- ◆ '락업'이라는 말을 들었을 때 스마트 계약 주소부터 조회하는가?
- ◆ NFT가 완판이라는 말을 들으면 실제 민팅량을 확인해보는가?
- ◆ 매집 루머가 뜨면, 해당 지갑의 트랜잭션부터 추적해보는가?

→ 이 4가지를 습관화한다면
당신은 **감정이 아닌 데이터로 판단하는 투자자**가 된다.

한 줄 요약
"온체인은 증거이고,
투자자는 말보다 증거로 판단해야 한다."

지갑 조회와 락업 확인
- 확인은 생존이다

"팀 지갑이라 괜찮아요"라는 말을 믿기 전에

누군가가 이렇게 말한다.
　　　"이 코인은 락업이에요. 팀 물량은 2년 동안 못 풀어요."
초보 투자자들은 안심한다. 하지만 실제로 이 말을 그대로 믿었다가,
몇 주 만에 대량 물량이 시장에 쏟아져 손실을 입는 경우가 비일비재하다.
왜일까?
그 '말'엔 증거가 없고,
온체인만이 진짜 조건을 보여주기 때문이다.

지갑 조회란 무엇인가?
모든 코인과 NFT는 '지갑 주소'에 담겨 있다.
이 주소는 마치 블록체인 상의 **은행 계좌 번호**와 같다.
　　　◆ 팀 지갑이라면 : 얼마나 보유 중인가?

◆ 락업이라면 : 전송이 막혀 있는가?

◆ 매집이라면 : 반복적인 구매 흔적이 있는가?

→ 이 모든 것을 **지갑 조회만으로 확인**할 수 있다.

실전 예시 – 락업인지 아닌지 확인하는 방법

팀이 락업이라고 말한 프로젝트. 이걸 검증하기 위해 CPC는 다음 단계를 안내한다:

① **스마트 계약 주소 확보**
  → 프로젝트 백서나 공식 공지에서 확인
② **Etherscan 접속 (또는 Solscan 등 체인별 사이트)**
  → 스마트 계약 주소 입력
③ **Transfer 탭 / Token Holder 탭 확인**
  → 팀 지갑 주소가 이동 중인지, 잠겨 있는지 분석
④ **Lock Function 확인**
  → 락업 설정 함수가 실제로 적용되었는지 확인

이런 신호는 반드시 의심해야 한다

◆ "팀 지갑은 보안상 공개할 수 없습니다"
  → 대부분 위험. 숨길 이유가 없다면 왜 숨기는가?
◆ "우리는 커뮤니티가 제일 중요해요"
  → 핵심 정보가 빠져 있다면 말장난일 가능성 높다
◆ "이건 온체인이 아닌 내부 관리 방식으로 락업합니다"
  → 온체인 아닌 락업은 **언제든 풀 수 있다**

실전 사례 – 락업 사기의 전형적 패턴

회원 B는 어느 프로젝트에 진입 전 이렇게 들었다.

　　　"이 코인은 락업이니 걱정 마세요."

하지만 투자 직후, 거래량 급증 → 가격 하락.

확인해 보니 팀 지갑에서 수천만 원어치가 지속적으로 전송 중이었다.

→ 락업 조건은 아예 존재하지 않았고,

단지 말로만 락업이라며 투자자를 안심시켰던 것.

이후 B는 CPC의 안내로

스마트 계약 주소를 직접 확인하는 습관을 들였다.

CPC의 설명방식 – "말보다 기록을 먼저 보라"

- ◆ 지갑 주소 = 프로젝트의 통장
- ◆ 온체인 조회 = 입출금 내역 확인
- ◆ 락업 여부 = 출금 제한 조건의 유무

이 3가지를 스스로 확인할 수 있는 투자자는,

어떠한 사기성 루머에도 휘둘리지 않는다.

체크리스트 – 락업과 지갑 관련 실전 점검

☐ 프로젝트 백서에 팀 물량 배분 시기와 조건이 명시되어 있는가?

☐ 팀 지갑 주소를 조회해본 적이 있는가?

☐ 해당 지갑이 실제 락업된 상태인지 확인했는가?

☐ 최근 거래 내역에서 의심스러운 이동이 있었는가?

→ 이 4가지 중 하나라도 '모른다'면,

당장 진입을 멈추고 다시 확인해야 한다.

한 줄 요약

"지갑 주소는 거짓말하지 않는다.
락업도, 매집도, 전부 온체인에 기록되어 있다."

NFT 민팅과 매집 추적
: 실전 사용 예시

"NFT 완판됐대요!"… 진짜일까?

많은 프로젝트들이 이렇게 말한다.

"민팅 1만 개, 완판 완료!"

"지금은 프리미엄이 붙은 시기입니다."

"고래들이 매집 중이에요."

그러나 **온체인에서는 거짓말이 통하지 않는다**

.NFT가 진짜 팔렸는지,

누가 사고 있는지,

단 하나의 거래도 **블록체인에 모두 기록**되어 있기 때문이다.

NFT 민팅 상태 확인하기 – OpenSea + 온체인 연동

NFT는 대부분 **이더리움, 클레이튼, 솔라나**등 특정 블록체인 위에서 발행된다.그 NFT가 진짜 '완판' 상태인지 확인하려면 다음 절차를 따른다:

1. OpenSea 또는 LooksRare 접속
2. 해당 NFT 프로젝트 페이지 열기
3. "Items 수" vs "Owners 수" 비교
   - 예: 10,000개 발행 / 소유자 500명 → 집중 보유
   - 예: 10,000개 발행 / 소유자 6,000명 → 분산 보유

"Activity" 탭 클릭 → 최근 거래 내역 확인

해당 스마트 계약 주소 → Etherscan에서 직접 조회
- 실제 민팅된 수량
- 보유 지갑 분포
- 민팅이 끝났는지 여부 등 파악 가능

매집 추적이란?

매집이란 **특정 지갑이 지속적으로 같은 코인을 사들이는 행위**를 뜻한다. 이는 '대형 투자자', 즉 **고래의 움직임**을 파악하는 실전 방법 중 하나다.

대표 툴:
- Nansen
- Arkham
- Dune
- Etherscan 'Token Holder' 분석

이 툴을 통해 고래가 언제, 얼마를, 어떻게 움직였는지를 파악할 수 있다.

실전 예시 ① – NFT 민팅 완판 거짓말 검증

프로젝트 A는 이렇게 광고했다:

"민팅은 이미 끝났고, 가격은 오르기만 합니다!"

그러나 CPC 회원 C는 직접 확인했다:
    1. OpenSea → NFT 10,000개 중 3,200개만 민팅됨
    2. Holder 수 280명, 대부분은 같은 지갑
    3. 스마트 계약 주소로 확인해보니 일부만 트랜잭션 기록 있음
→ 사실상 **완판된 게 아니라 내부 보유 상태**였고,
C는 진입 보류 → 실제로 2주 후 프로젝트 폐쇄

실전 예시 ② - 매집이 실제로 일어났는가?

어떤 유튜브는 이렇게 말한다:
"지금 A코인, 고래가 대량 매집 중입니다!"
회원 D는 아래와 같이 확인했다:
    1. Nansen에서 A코인 주요 지갑 상위 랭크 분석
    2. 최근 3일간 상위 지갑에서 **매도**기록 집중됨
    3. 오히려 매집은 끝났고, 출구 전략에 들어간 상태
→ D는 진입 보류 → 낙폭 30% 회피 성공

CPC의 설명 방식 - "보이지 않는 매수보다, 보이는 기록을 보라"

◆ 민팅 여부는 소문이 아니라 거래 수로 확인
◆ 매집 여부는 분석 툴이 말해주는 데이터로 판단
◆ 지갑의 움직임은 **진심을 숨기지 못한다**

→ CPC는 회원에게 항상 강조한다.
"누가 뭐라 해도, 확인은 당신이 직접 하라."

체크리스트 - NFT 민팅 및 매집 전 점검

☐ 민팅 수량과 실제 거래 내역이 일치하는가?

☐ 지갑 분산이 되어 있는가, 일부가 독점 중인가?
☐ 주요 매집 지갑은 최근 어떤 패턴을 보였는가?
☐ 스마트 계약 주소에서 발행 조건은 확인했는가?
→ 이 4가지 체크만으로도 대부분의 NFT 실패 진입을 피할 수 있다.

한 줄 요약

"민팅, 매집, 락업… 모두는 주장일 수 있다.
그러나 지갑의 움직임은 '사실'만 말한다."

도구 소개: Etherscan, Nansen, Dune – 진실을 보는 법

왜 도구를 배워야 하는가?

초보 투자자 대부분은 "누가 알려준 정보"에 의존한다.
그러나 코인 시장에서 살아남기 위해서는
스스로 진실을 확인할 수 있는 힘이 필요하다.
그 출발이 바로 **온체인 도구**다.
이 장에서는 CPC가 실제로 사용하는
대표적인 온체인 도구 3가지를 소개한다.

Etherscan – 블록체인 검색의 기본기
기능 요약

- ◆ 이더리움 네트워크에서 일어나는 모든 트랜잭션 조회

- ◆ 특정 지갑 주소, 토큰, 스마트 계약 상태 확인
- ◆ NFT 민팅, 토큰 배포 이력, 락업 여부 확인 가능

사용법 예시
- ◆ 지갑 주소 입력 → 거래 내역 확인
- ◆ "Internal Txns" 탭에서 **숨겨진 전송 내역**까지 확인 가능
- ◆ "Token Tracker" 클릭 → 해당 토큰의 보유자 수, 유통량 확인
- ◆ "Contract" 탭 → 스마트 계약 코드 검토 및 락업 설정 여부 확인

CPC의 실전 활용
- ◆ "이 프로젝트, 락업 돼 있다더니?" → Contract 들어가서 조건 직접 확인
- ◆ "고래가 매도한 지갑이 맞나?" → 거래 내역에서 타이밍 분석

Nansen – 지갑 움직임의 '의미'를 해석하다

기능 요약
- ◆ 고래 지갑 트래킹, NFT 민팅 추세, 매집·매도 시점 시각화
- ◆ 지갑 유형 분류: 고래, VC, 스마트머니, 루키 등
- ◆ 디파이 유입/이탈 현황, 토큰별 수익률 집계

사용법 예시
- ◆ 'Token God Mode' → 특정 코인의 고래 매집 현황 한눈에 보기
- ◆ 'Smart Money Dashboard' → 수익률 높은 지갑이 현재 어떤 코인을 보유 중인지 확인
- ◆ NFT 프로젝트별 **민팅 후 전송 여부 분석**가능

CPC의 실전 활용
- ◆ "지금 시장에서 진짜 매집이 일어나고 있는가?"
  - → 특정 코인 이름 검색 → 매수 지갑 집중도 확인
- ◆ "스마트머니가 들어간 프로젝트인가?"
  - → 스마트머니 지갑의 초기 진입 시점 분석

Dune – 데이터는 말하지 않는다, 시각화가 말하게 하라

기능 요약
- ◆ 블록체인 데이터를 SQL 기반으로 시각화
- ◆ 트랜잭션 수, 유저 수, 누적 발행량 등 커스터마이징 가능
- ◆ 누구나 만든 대시보드 공유 가능

사용법 예시
- ◆ 'A코인 유저 증가 추이' 대시보드 → 실 사용자 증가 여부 판단
- ◆ 'NFT 거래량 추이' → 해당 프로젝트의 생명력 확인
- ◆ 스마트 계약별 활동량 → 실사용 유무 파악

CPC의 실전 활용
- ◆ "이 프로젝트 진짜 쓰이는 거야?" → Dune에서 유저 수와 활동량 대시보드로 확인
- ◆ "디파이에서 자금이 빠지는 건 아닐까?" → 스테이킹 해제량 추이 분석

도구 선택이 곧 시야를 결정한다

목 적	추천 도구	핵심 기능
지갑, 거래 확인	Etherscan	트랜잭션, 스마트 계약 확인
고래 매집 분석	Nansen	고래·VC 지갑 추적
생태계 데이터 시각화	Dune	사용자 수, 거래량 추이 시각화

→ 초보자라도 **기본적인 탐색**만 익혀도 정보의 80% 이상은 스스로 확인 가능하다.

체크리스트 – 도구별 필수 확인 루틴
☐ 이 프로젝트의 토큰은 몇 명이 보유하고 있는가? (Etherscan)
☐ 주요 보유자는 계속 보유 중인가, 던지고 있는가? (Nansen)
☐ 실제 유저가 늘어나고 있는가, 줄어들고 있는가? (Dune)
☐ 락업 기간, 스마트 계약 조건은 공개되어 있는가? (Etherscan)
☐ NFT 민팅 이후 전송 추이는 어떤가? (Nansen + Dune)

한 줄 요약
"진짜 정보는 말이 아니라 데이터에 있다. 도구는 시장의 진실을 보여주는 창이다."

CPC가 알려주는 온체인 활용법

온체인을 '활용'한다는 것의 의미

많은 사람들은 온체인을
"어려운 기술"이나 "전문가만 보는 도구"라고 생각한다.
하지만 CPC의 철학은 다르다.

"온체인은 어렵지 않다.
다만, 구조로 훈련되지 않았을 뿐이다."

온체인은 곧 '팩트의 기록'이다.
이 장에서는 CPC가 실제로 회원들과 함께 사용하는
온체인 **활용 로직과 적용 루틴**을 구체적으로 안내한다.

CPC가 만든 온체인 3단계 분석 로직

1단계 : 확인 (Verify)
정보는 말이 아니라 기록으로 확인하는 단계

예 시	확인 도구
락업 물량이 진짜 잠겼는가?	Etherscan: 스마트 계약 조회
고래가 진입했는가?	Nansen: Smart Money Dashboard
민팅은 진짜로 완판됐는가?	OpenSea + Etherscan

2단계 : 추적 (Trace)

지갑 간 이동 흐름을 파악하고 맥락을 읽는 단계

예 시	활 용 법
팀 지갑에서 전송된 코인은 어디로 갔나?	Etherscan Txns, Internal Txns 추적
매수세가 한쪽 지갑에 집중되었나?	Nansen 지갑 추적
유저 수는 정말 늘고 있나?	Dune 대시보드 활용

3단계 : 해석 (Interpret)

확인한 데이터를 구조 속에 넣어 판단하는 단계
→ 이 지갑은 단타를 치는 패턴인가?
→ 이 프로젝트는 정말 유저 중심으로 흘러가고 있는가?
→ 온체인 데이터가 오프체인 루머와 일치하는가?

CPC 회원의 실제 적용 사례

회원 A는 한 유튜브에서 "이 코인은 지금 고래 매집 중"이라는 말을 듣고 진입하려 했다. 하지만 CPC 온체인 활용법에 따라 아래 절차를 밟았다:
① 해당 코인의 주요 보유자 지갑 주소 조회 (Nansen)
→ 지난 1주일간 보유량 **30% 감소**

② 프로젝트 팀 지갑 트랜잭션 확인 (Etherscan)
→ 대량 출금 내역 다수 존재
③ 스마트 계약 조건 확인
→ 락업 기간 설정 없음 / 민팅 직후 전송 가능 구조
→ 최종 판단: **신뢰 부족, 진입 보류**
결과 : 일주일 뒤 가격 -40% 급락
→ A회원은 온체인 활용으로 **실질 피해 회피**

CPC의 온체인 실전 체크 포인트

항 목	점검 내용
팀 지갑 활동	최근 전송 내역, 락업 상태 확인
고래 매집 패턴	스마트머니, 반복 매입 여부 추적
민팅/판매 기록	실제 판매량과 커뮤니티 분위기 일치 여부
토큰 분배 구조	팀·VC 보유량 집중 여부
디파이 자금 이동	스테이킹 해제·출금량 분석

초보자를 위한 온체인 사용 루틴

1. 궁금한 정보 정하기
  → 예: "이거 진짜 민팅 다 됐나?", "고래가 계속 사는가?"

2. 도구 접속
  → Etherscan / Nansen / Dune 중 해당되는 곳

3. 지갑 or 토큰 주소 입력
  → 뉴스나 공식 텔레그램, 백서에 주소 존재

4. 기록 확인 + 표 형태로 정리

→ 일자별 활동량, 수량, 거래 상대방 등
5. CPC의 해석 프레임으로 판단
   → '진입해도 되는가' 또는 '기다려야 하는가'

한 줄 요약
"온체인은 구조의 언어다.
누구나 배울 수 있고, 반복하면 투자자의 눈이 열린다."

온체인 사기 방지 실전 사례 분석

온체인을 몰랐을 때 벌어지는 일들

투자 사기의 대부분은 **말로 포장된 거짓**에서 시작된다.
하지만 온체인은 말이 아니라 **기록의 세계**다.
누군가 "이 프로젝트는 락업이 되어 있으니 안심하세요"라고 말해도,
온체인은 이렇게 말한다:
→ "진짜로 스마트 계약에 락업 코드가 들어갔는가?"
→ "실제로 지갑이 코인을 전송하지 않았는가?"
온체인을 모르면
사람의 말에 속고, 감정에 흔들리고,
결국 손실을 떠안게 된다.

사례 ① 팀 물량이 락업되었다는 거짓
○ 상황 요약

한 신규 프로젝트에서 "팀 물량은 2년 락업!"이라는 발표. 많은 투자자들이 이를 믿고 진입.

◯ **CPC 회원의 행동**
- ◆ 스마트 계약 주소 확인
- ◆ Etherscan에서 'Token Transfers' 조회
- ◆ 결과 : 락업 계약 없음 → **팀 지갑에서 지속적 출금 확인**

◯ **피해 요약**
- ◆ 투자자 다수, 상장 후 팀 물량 매도에 따라 급락 피해
- ◆ 온체인을 확인한 CPC 회원들만 진입 보류 → 손실 회피

사례 ② NFT 완판? 실제론 절반도 안 팔림

◯ **상황 요약**

SNS에서 "지금 민팅 중인 NFT, 벌써 완판 직전"이라는 루머 FOMO(놓칠까 봐 불안한 심리) 유도

◯ **CPC 회원의 행동**
- ◆ OpenSea → 해당 NFT 컬렉션 확인
- ◆ 이더스캔에서 민팅된 NFT 수량 확인
- ◆ 실제 민팅: 총 10,000개 중 **3,800개만 판매**

◯ **피해 요약**
- ◆ 구매자 A는 2차 거래에서 프리미엄 붙은 가격에 구매 → 손실
- ◆ CPC 회원 B는 "실제 판매율 미달" 판단 → 구매 보류

사례 ③ 고래 매집 루머, 실제로는 매도 중

◯ **상황 요약**

유튜버가 "지금 이 지갑에서 매집 중이래요"라고 언급. 실제 지갑 주소를

보여주며 신뢰 유도
- CPC 회원의 행동
    - ◆ 지갑 주소 → Nansen에 입력
    - ◆ 과거 30일간의 거래 내역 확인
        - → **지속적 출금 + 거래소 입금 내역 다수**
- 분석 요약
    - ◆ 매집이 아니라 **차익 실현 중인 지갑**이었다
    - ◆ 방송 직후 가격 상승, 그 뒤 급락 → 비진입 회원만 피해 회피

사례 ④ 락업이라고 들었지만, 코드 구조는 반대
- CPC 온체인 해석 훈련 중 실제 사례
    - ◆ 한 프로젝트가 "락업 완료"라며 안심을 유도
    - ◆ 락업이 '시스템상' 되어 있는지 여부를 확인
① 스마트 계약 주소 조회
② Internal Txns 확인 → 팀 지갑에서 7일 전 출금 흔적
③ 코드 내 조건 확인 → 시간 조건이 아닌, **수동 전송 가능 구조**
- 결론
    - ◆ 말과 다르게, 누구든 코인 이동 가능 → 실제 매도 흔적 확인
    - ◆ 투자자 입장에서는 **신뢰 붕괴**

CPC가 제시하는 '온체인 사기 감별 기준 5가지'
1. 락업 조건 | 스마트 계약에 '시간 조건'이 명시되어 있는가?
2. 팀 지갑 활동 | 최근 30일간 이동 내역이 투명한가?
3. 민팅 수량 | 전체 발행량 대비 판매 비율은?
4. 고래 지갑 흐름 | 실제 매수·매도 타이밍과 방향은?

5. NFT/토큰 소유 분포 | 소수 지갑이 과도하게 보유하고 있는가?

왜 이걸 직접 확인해야 하는가?
→ "누군가 말해주겠지"라는 자세는 이 시장에서 위험하다.
→ CPC는 '스스로 확인하고 판단할 수 있는 시스템'을 훈련시킨다.
　　"당신의 돈을 지키는 건 말이 아니라, 구조다."

한 줄 요약
"온체인을 읽는 순간, 사기는 통하지 않는다.
거짓은 언제나 기록 앞에서 드러난다."

당신도 온체인으로 진실을 보는 투자자가 될 수 있다

온체인은 어렵지 않다 – 구조만 알면 누구나 할 수 있다

많은 초보자들이 말한다.

"Etherscan? 너무 복잡해 보여요."

"지갑 주소? 트랜잭션? 나랑은 거리가 먼 것 같아요."

하지만 진짜 문제는 복잡함이 아니라, **익숙하지 않음**이다.

CPC는 온체인을 **전문가용 도구**가 아니라

투자 생존을 위한 필수 도구로 본다.

온체인 확인, 이렇게만 하면 된다

아래 3가지만 기억하자.

   1. 지갑 주소
        → 누가 어떤 코인을 보냈고, 받았는지 보는 열쇠
        → 프로젝트 팀 지갑 / 고래 지갑 확인의 출발점

2. **스마트 계약 주소**
   → 락업, 민팅, 거래 제한 조건이 코드로 쓰여 있는 곳
   → 시간 조건 / 전송 조건 / 전량 공급 확인 가능
3. **트랜잭션 기록**
   → 실제로 무슨 일이 일어났는지 확인하는 로그
   → 거래 시간, 수량, 상대 주소 모두 공개

CPC의 안내방식은 간단하다.
"모른다면 외우지 말고, **찾아서 따라 하라.**"

실전 연습: 누구나 따라하는 온체인 조회 3단계

○ 상황 : 어떤 프로젝트가 "현재 고래 매집 중"이라는 말이 떠돌고 있다.
① 고래 지갑 주소 확인
→ 유튜브나 텔레그램에서 언급된 지갑 주소 복사
② Nansen, Etherscan 접속
→ 주소 입력 → 최근 10일간 입금/출금 내역 확인
③ 매수? 매도? 분산?
→ 한 지갑에서 계속 분할 출금 → **실제론 차익 실현 중**
→ 여러 지갑에서 유입 → **실제 매집 중일 가능성**

CPC 회원은 이를 실시간으로 판단하고, 감정이 아닌 **기록**을 기반으로 대응한다.

CPC의 안내 – "기술은 누가 쓰느냐에 달렸다"

온체인은 누구에게나 열려 있다.
하지만 **볼 줄 아는 사람**만이
그 안에서 **판단의 기준**을 만들 수 있다.

CPC는 그래서 '기술 설명'보다
'어디서 어떻게 확인하는가'를 강조한다.

- ◆ 백서를 보지 말고, **왜 그 구조인가**를 생각하라
- ◆ 지갑을 만들기 전에, **무엇을 확인할 것인가**를 먼저 고민하라
- ◆ 온체인을 보기 전에, **무엇을 검증하려는가**를 설정하라

실전 TIP – 온체인 정리 노트 만들기

다음 항목을 매번 정리해보자.
○ 프로젝트명:○ 팀 지갑 주소:
○ 락업 조건 확인 여부 (Y/N):
○ 스마트 계약 주소:○ 민팅 / 배포 수량:
○ 최근 트랜잭션 이상 징후:
○ 내 판단 요약: 진입 / 보류 / 위험
→ 이것이 바로 당신만의 '생존 노트'가 된다.

마무리 제안

이 장을 통해 당신은 이제
"누가 뭐래서"가 아닌
"내가 확인하고 판단했다"는 단계에 들어왔다.
이것이 바로
정보의 소비자 → 정보의 판단자로 전환된 첫걸음이다.

한 줄 요약

"온체인은 누구에게나 열려 있지만,
그걸 기준으로 삼는 사람만이 살아남는다."

CPC가 설계한
투자 생존 구조

과거 회색지대에서 얻은 교훈

나는 이 시장의 가장 어두운 곳에서 시작했다

CPC는 단순한 스타트업이 아니다.

이 구조는 **실제 시장의 가장 밑바닥**에서 출발한 경험 위에 만들어졌다.

과거에는

○ 500원짜리 코인을 5,000원에 파는 조직이 있었고

○ 그 코인을 "곧 상장된다"며 P2P로 돌리고

○ 수수료를 챙기기 위해 반복적인 회전 구조를 강요했다

그때 나는, 단순한 판매원이 아니라 그 시장을 직접 보고 겪은 '현장 안쪽'의 사람이었다.

당시엔 몰랐던 '불완전 구조'

그땐 몰랐다.

이게 사기인지 아닌지를 판단할 수 있는 '기준'이 없었다.

- ◆ 시장은 돌아가고 있었고
- ◆ 사람들은 돈을 벌었고
- ◆ 나는 그 구조를 정확히 몰랐지만 '잘되고 있다'는 착각 속에 있었다

시간이 지나면서 보였다.
○ 구조가 비대칭이라는 것
○ 정보의 유무보다, 정보의 해석과 전달 방식이 문제라는 것
○ 그리고 '책임 없는 거래'가 누군가에게는 치명적일 수 있다는 것

나의 전환점
내가 완전히 각성한 건,
어느 날 만난 피해자 한 명 때문이었다.
그는 말했다. "당신은 코인을 팔았을 뿐이겠지만,
나는 그 코인 하나 때문에 인생이 흔들렸어요."
그때 깨달았다.
이건 '팔고 안 팔고'의 문제가 아니라,
누군가의 생존을 다루는 일이라는 것을.
그 이후, 나는 결심했다.
→ 이 구조를 **알고도 피하지 않으면**,
→ 나 역시 구조의 일부가 된다.

그래서 나는 방향을 바꿨다
나는 더 이상
"좋은 정보니까 알려줄게요"
"이 코인 괜찮아요" 같은 방식으로 시장에 접근하지 않는다.

나는 말하기 전에 구조를 먼저 본다.
나는 추천하기 전에 스스로 검증한다.
나는 **팔기보다, 알려주는 구조**를 만든다.
이것이 바로 CPC의 시작이다. 그리고 이 책이 쓰여지게 된 이유다.

실전 사례로 보는 구조적 회색지대

사 례	당시 구조	문제점
파이코인 초기	대중적 채굴 → 상장 기대 심리	정보 부족, 수익화 구조 미흡
특정 P2P 판매 조직	미등록 코인 P2P 유통	가격 왜곡, 고액 수수료
장외 시장 알선	1:1 개인 간 거래 → 수수료 차감	법적 모호성, 피해 발생 가능

→ 이 모든 구조의 공통점은 **투명한 기준 없이 감정만 작동했다는 점**이다.

CPC는 여기서 시작한다

나는 아무것도 모르는 상태로 시작해 모든 걸 경험했고
그 안에서 **무엇이 잘못된 구조인지 몸으로 배웠다.**
그래서 CPC는 단순한 코인 소개가 아니다. CPC는

- ◆ 구조를 먼저 보여주고
- ◆ 함께 질문하고
- ◆ 스스로 판단할 수 있게 만드는
  정보 생존 플랫폼이다.

한 줄 요약

"이 시장을 통과한 사람만이,
다음 세대에게 구조를 설명할 수 있다."

시장 구조의 민낯, 사기성 구조를 마주한 순간

"그들은 코인을 팔지 않았다. 감정을 팔았다."
내가 이 시장에 처음 들어왔을 때,
눈앞에 펼쳐진 건 차트나 기술 문서가 아니었다.
대부분의 조직은 '정보'를 파는 게 아니었다.
그들은 **희망, 기대, 확신같은 감정의 언어**를 팔고 있었다.
- ◆ "형님, 이건 상장만 하면 10배입니다."
- ◆ "VIP한테만 이 가격으로 드리는 겁니다."
- ◆ "다시 기회는 안 옵니다."

겉으론 정보처럼 보였지만,
속을 들여다보면 구조는 없었다.
대부분은 감정 유도 → 매수 유도 → 책임 회피의 반복 구조였다.

사기 구조의 3단계 공식

이런 구조는 대체로 3단계로 움직였다.

단계	특징	투자자에게 생기는 심리
1단계	정보 독점 + 가격 왜곡	"이건 나만 아는 정보야"
2단계	감정 자극 + 빠른 진입 유도	"지금 안 사면 기회를 놓쳐"
3단계	유통 후 무책임 이탈	"상장만 하면 알아서 올라갈 겁니다"

문제는, 그 구조 속에서
투자자는 어떤 기준도 없이 따라간다는 것이다.
- ◆ 가격은 왜 그렇게 책정됐는지 모르고
- ◆ 정보는 어디서 온 것인지 확인도 못하고
- ◆ 프로젝트는 누구 것인지, 무슨 기능이 있는지도 모른 채

그저 '사람의 말'을 믿는다.

내가 가장 충격받았던 순간

어느 날, 내 손에 하나의 백서가 들어왔다.
내용을 읽어보니 이전 프로젝트의 것을 거의 복사해 붙여놓은 수준.
그런데도 누군가는
"이건 팀이 어마어마하다더라"
"상장 확정이라던데?"라며 몰려들고 있었다.
이런 상황에서,
실제로 코인을 사간 사람들은
그 백서를 읽어보지도 않았고,
지갑 주소도 조회해본 적 없었으며,
팀이 누구인지도 몰랐다.

→ 단 하나, 누군가가 "좋다"고 했다는 이유만으로 투자한 것이다.

왜 이런 구조가 반복되는가?
이 구조는 '정보 부족'에서 시작된 게 아니다.
진짜 원인은 **판단 기준 부재**였다.
- ◆ 이 프로젝트가 왜 존재하는지
- ◆ 수익 구조는 어떻게 짜여 있는지
- ◆ 유통 계획은 어떻게 설계됐는지
- ◆ 온체인으로 검증이 되는지

이런 걸 질문하는 사람은 거의 없었다.
대부분은 단 하나만 본다. "얼마나 오를 수 있냐."
→ 이 질문 하나가 사기 구조를 계속 굴러가게 만든다.

CPC는 이걸 '해체' 하기로 했다
나는 결심했다.
이 구조를 없애지는 못하더라도,
보여줄 수는 있어야 한다.
그래서 CPC는 투자 정보 이전에
○ 구조를 먼저 공개하고
○ 질문을 먼저 던지고
○ 진입 전에 반드시 체크할 수 있게 만들었다
우리는 '사라니까 사는 구조'를 거부하고
'봐서 판단하는 구조'를 만든다.

실전 비교 – CPC가 만드는 구조는 다르다

항 목	일반 사기 구조	CPC 구조
정보 전달 방식	단톡방, 루머, 구두 권유	전문가 분석, 온체인 근거 중심
진입 시점	감정 유도 후 몰입	차트·지표·심리 기준 명시
책임 방식	"알아서 판단하셨잖아요"	판단 기준 제공 + 백서/지갑 직접 검증
수익 구조 설명	없음 / 추상적	백서 기반 수익 모델, 리스크 공지

→ 투자자가 **판단할 수 있는 정보,**
검증할 수 있는 구조,
혼자서도 버틸 수 있는 기준을 갖게 만드는 것이 CPC의 핵심이다.

한 줄 요약
"구조 없는 정보는 감정이고,
감정은 언제든 사기로 바뀔 수 있다."

피해자가 아니라, 시스템 설계자가 되기로 결심하다

나는 한때 "나도 당했다"라고 말하던 사람이었다
솔직히 말하자. 나도 처음엔 아무것도 몰랐다. 누군가가 말하면 믿었고, 백서를 읽지 않아도 '상장 확정'이라는 말만 들으면 뛰어들었다.

- ◆ 기술? 몰랐다.
- ◆ 구조? 관심 없었다.
- ◆ 가격 책정 기준? 그런 게 있는지도 몰랐다.

결과는 당연히, **손실**이었다.
그때는 시장이 나를 속였다고 생각했다.
하지만 시간이 지나며 깨달았다.

　　문제는 시장이 아니라,
내가 판단할 수 없는 상태에서 뛰어들었다는 것이었다.

깨달음은 반복에서 온다

한두 번 손실이면 운이려니 넘긴다.
세 번째 손실부터는 의심이 생긴다. 네 번째쯤 되면, 고민이 시작된다.
"왜 나는 계속 이런 상황을 반복할까?"
"도대체 이 구조는 어떻게 된 거지?"
그렇게 해서 나는,
처음으로 프로젝트의 **백서**를 분석하기 시작했고,
지갑 주소를 통해 **온체인 내역**을 조회했고,
정보가 나오는 **경로의 신뢰도**를 따지기 시작했다.
그때 느꼈다.
"아, 내가 정보를 소비하던 방식이 **완전히 틀렸구나.**"

구조를 이해하자, 사기가 눈에 보이기 시작했다

어느 순간부터 '이건 아니다' 싶은 것들이 보이기 시작했다.
- ◆ 백서엔 아무 내용도 없는데 가격은 고평가
- ◆ 팀 이름이 없고 사진만 있는데 '유명 개발자 출신'이라 주장
- ◆ 락업 2년이라더니 지갑 주소 추적하니 이미 물량 이동

이제는 알 수 있었다.
구조가 있는가 없는가만 봐도,
이게 진짜인지 가짜인지 70%는 판단 가능하다는 걸.
결국 투자자는 기술자가 될 필요는 없지만,
구조를 보는 눈은 반드시 가져야 한다.

나는 피해자가 아니라, 시스템 설계자가 되기로 했다

이런 경험을 거치면서 나는 결심했다.

"나는 이제 피해자가 아니다.

이 시장에서 **판단할 수 있는 구조**를 설계하는 사람이 되겠다."

그래서 CPC를 만들었다.

그리고 지금 당신이 읽고 있는 이 책이 만들어졌다.

CPC는 단순한 커뮤니티가 아니다.

정보가 아니라 **판단의 틀을 제공하는 플랫폼**이다.

'감'으로가 아니라, '구조'로 투자하게 만드는 시스템이다.

실전 사례 – CPC 회원이 말하는 변화

회원 A는 처음엔 무조건 "어떤 코인이 좋나요?"라고만 묻던 사람.

하지만 CPC 교육을 받은 후엔 스스로 질문이 달라졌다.

- ◆ "이 프로젝트는 백서상 수익 구조가 명확하지 않네요."
- ◆ "지갑 분석 결과 고래 지갑이 이미 물량을 매도한 상태입니다."
- ◆ "스테이킹 수익률은 높지만 락업 조건이 불리합니다."

→ 이건 단지 **정보량이 늘어난 게 아니다.**

→ 사고 방식이 바뀐 것이다.

→ 구조를 보는 눈이 생긴 것이다.

CPC의 시선

우리는 정보를 팔지 않는다.

우리는 '판단할 수 있는 구조'를 만든다.

- ◆ 스스로 프로젝트를 분석하고
- ◆ 시나리오를 짜고
- ◆ 감정이 아닌 기준으로 매수/매도 결정을 내리는 것

그것이 바로 진짜 생존 투자자다.

그리고 그걸 가능하게 하는 시스템이 바로 CPC다.

한 줄 요약
"내가 빠져나온 이유는, 이 구조를 바꾸기 위해서였다."

CPC의 철학
- 정보 격차 해소 플랫폼

정보가 넘쳐나는 시대, 오히려 사람들은 더 혼란스러워졌다
요즘 투자자들이 겪는 가장 큰 혼란은,
정보가 없어서가 아니라, 너무 많아서 생기는 문제다.
- ◆ 유튜브에선 "이 코인 10배 간다!"
- ◆ 텔레그램 방에선 "내부자 정보 확보 완료!"
- ◆ 커뮤니티에선 "오늘 안 사면 기회 놓친다!"

하지만 문제는 그 정보가 진짜인지 아닌지를
스스로 판단할 수 있는 구조가 없다는 것이다.
그래서 대부분은 감에 의존하고,
결국 한두 번의 실패 뒤에 "나는 투자에 소질이 없다"고 말하게 된다.

CPC는 '정보를 모아주는 곳'이 아니다
많은 유사 투자 자문 채널들이 말한다.

"우리는 내부자 정보를 제공합니다." "
우리는 시장을 먼저 예측합니다."
하지만 CPC는 이렇게 말하지 않는다.
　　　"우리는 당신이 **판단할 수 있도록 안내**합니다."
CPC는 누가 맞고 누가 틀렸는지 말해주지 않는다.
대신 **어떻게 질문하고, 어떻게 체크하고, 어떻게 확인해야 하는지**를 알려준다.
우리는 정보를 던지지 않는다.
우리는 판단의 기준을 함께 설계한다.

CPC가 해소하고자 하는 정보 격차란?

정보 격차는 단순히 '정보가 있느냐 없느냐'의 문제가 아니다.
진짜 정보 격차는, 아래의 세 가지에서 발생한다:

1. 정보를 해석할 수 있는 언어가 없는 것
→ 백서를 봐도 무슨 말인지 모른다
→ 차트를 봐도 어떻게 읽는지 모른다

2. 판단할 기준이 없는 것
→ 이게 고점인지 저점인지 감으로만 판단한다
→ 누가 뭘 추천하면 그냥 따라간다

3. 같이 물어볼 구조가 없는 것
→ 혼자서만 투자하다 보니 피드백이 없다
→ 틀려도 왜 틀렸는지를 모르고 넘어간다
→ CPC는 이 세 가지 격차를 모두 줄이기 위해 만들어졌다.

CPC의 시스템은 이렇게 작동한다

CPC의 시스템은 크게 세 가지 축으로 구성된다.

① 정보 필터링 시스템
- ◆ 모든 프로젝트는 사전에 백서 검토
- ◆ 지갑 구조, 락업 정보, 개발 내역 등 체크 후 정리

② 실시간 피드백 구조
- ◆ 단순 채팅방이 아닌 '분석 피드백방' 운영
- ◆ 초보자도 스스로 분석한 내용을 공유하고 조언 받는 구조

③ 사고 구조 훈련 콘텐츠
- ◆ 매주 마인드 트레이닝 / 실전 시나리오 예제
- ◆ 뉴스 해석 훈련 + 온체인 확인 미션 제공

→ 단순히 정보를 보는 것이 아니라,
→ **정보를 '활용할 수 있는 사람'이 되도록 설계**되어 있다.

CPC는 감정의 투자를 구조의 투자로 바꾸고자 한다

많은 초보자들은
"왜 나는 자꾸 조급해지고 무서운지 모르겠다"고 말한다.
그 이유는 단순하다.

감정이 들어갈 수밖에 없는 구조로 투자하고 있기 때문이다.
- ◆ 기준 없이 산다
- ◆ 지지선 없이 기다린다
- ◆ 판단 없이 물린다

CPC는 이 모든 과정에 구조를 더한다.
그래서 시장이 흔들려도 감정에 휘둘리지 않고,
"무엇을 어떻게 해야 하는지"를 스스로 말할 수 있는 투자자가 되도록 한다.

CPC가 궁극적으로 만들고 싶은 것

우리는 단순한 '수익'보다 더 큰 걸 원한다.

그건 바로, **"스스로 판단하고, 책임질 수 있는 투자자 공동체"**이다.

그 공동체 안에서는

- ◆ 실패해도 분석하고
- ◆ 성공해도 겸손하며
- ◆ 시장을 이기는 게 아니라 '이해하는' 것이 목표가 된다.

이것이 CPC가 말하는 **투자 생존 철학**이다.

한 줄 요약

"정보는 모두에게 있지만, 구조는 CPC가 함께 만든다."

05

우리가 만든 구조는 어떻게 다르게 작동하는가

구조가 없는 조직은 정보만 많다

많은 유사투자 자문 커뮤니티들은 '정보'를 핵심 가치로 내세운다.

"이 코인 곧 상장된다", "이 프로젝트 내부자 정보다", "100배 간다더라"…

하지만 정보만 많고, **판단의 틀**이 없다면 그 정보는 오히려 독이 된다.

- ◆ 누가 말하는지 중요하지 않다
- ◆ 무엇을 말하든 근거가 없다
- ◆ 틀려도 아무도 책임지지 않는다

결국 이런 구조에서는 투자자가 **'판단하는 사람'**이 아니라, **'따라가는 사람'**이 된다.

CPC는 정보를 중심으로 하지 않는다.

CPC가 중심에 두는 것은 **'구조화된 사고'**이다.

다시 말해, 정보보다 중요한 것은 **어떻게 판단할 수 있게 만드느냐**이다.
CPC는 다음을 훈련시킨다.

항 목	기존 유사 자문방	CPC의 구조
정보 제공	종목 추천 중심	구조 중심 해설 + 근거 제공
리딩 방식	"지금 사세요" 지시형	"왜 사는가?"를 스스로 판단하게 하는 훈련형
커뮤니티 운영	단순 정보 공유 + 소문 위주	질문 기반 구조 공유 + 피드백 중심
사고 방향	감정 기반 추종	기준 기반 전략 설계

실제 CPC 시스템 예시

① 신규 프로젝트 분석 보고서
- ◆ 매주 1~2건 정제된 프로젝트 해설 제공
- ◆ 온체인 지갑 흐름, 락업 구조, 백서 핵심 해석 등 포함
- ◆ 회원들이 직접 백서 요약을 연습하고 피드백을 받음

② 뉴스 해석 훈련
- ◆ 매일 주요 뉴스 요약 + 영향도 등급 분석
- ◆ "이 뉴스가 어떤 흐름을 만들 수 있는가?" → 사고 훈련

③ 시나리오 훈련방
- ◆ 가상의 투자 상황 제시 → 회원들이 직접 시나리오 수립
- ◆ 전문가 피드백을 통해 감정·논리·구조 훈련

④ 코인 언어 정리 콘텐츠
- ◆ 용어 암기가 아니라 구조 연결 중심
- ◆ 예 : "스테이킹 = 예금이 아니다. 네트워크 기여다" 처럼 맥락 중

심 해석 훈련

우리가 다르게 만드는 이유: 실패를 봤기 때문이다
CPC는 단순히 "우린 다릅니다"라고 주장하지 않는다.
우리는 실제로 **실패한 구조**를 봤고, 그 안에 있던 사람들(혹은 스스로도 포함되어 있었던 시기)을 체험했다.
그래서 우리는 지금과 같은 철학을 갖게 됐다.
- ◆ '따라가면 되는' 구조는 결국 책임을 외면한다
- ◆ '판단을 가르치는' 구조만이 사람을 성장시킨다
- ◆ 그래서 CPC는, **같이 판단하는 사람을 만든다**

CPC의 구조가 가져다주는 변화
회원 A는 원래 아무 기준 없이 매수하던 사람이었다.
그러나 4주간의 CPC 참여 후에는, 이렇게 변화했다.
- ◆ 백서를 읽고 5줄 요약을 스스로 할 수 있게 되었고
- ◆ 온체인으로 팀 지갑을 확인할 수 있게 되었고
- ◆ 매수 시, "지지선·심리·분할 전략"을 기준으로 삼게 되었다

그 결과는 단순한 수익이 아니라,
'감정이 줄고, 판단이 생긴 투자자'가 되었다는 것.

한 줄 요약
"우리는 정보를 던지는 조직이 아니라, 구조를 만드는 플랫폼이다."

회원 사례로 보는 CPC 생존 구조의 실제

구조가 바꾼 투자자의 사고 방식

회원들의 가장 큰 변화는 "무엇을 샀느냐"가 아니다.

"왜 그걸 사고, 언제 나와야 하는지에 대한 사고가 생겼다는 것"이다.

CPC는 정보를 쥐여주지 않는다.

그 정보를 **어떻게 판단하고 해석하는가**를 계속 훈련시킨다.

사례 A: 손실만 반복하던 30대 직장인
- ◆ 기존 투자 스타일
  - → SNS에서 '지금 뜬다'는 글을 보고 급히 매수
  - → 수익이 나도 매도 타이밍을 몰라 결국 손실
  - → 투자 원칙 없음, 감정 따라 거래 반복
- ◆ CPC 참여 후 변화

→ "뉴스 나오고 진입" → "온체인 지갑 움직임 먼저 확인"
→ "급등 종목 쫓기" → "백서 분석 + 커뮤니티 체크 후 판단"
→ "수익률 목표 없음" → "지지선·목표가 명확히 설정"
◆ 결과
→ 수익률 자체보다 중요한 건
투자 불안이 줄고, 판단의 기준이 생겼다는 점

사례 B: 처음 코인을 접한 20대 대학생
◆ 기존 상태
→ "업비트 가입은 했는데 무섭다"
→ "어떤 코인이 좋은지도 모르겠다"
→ 용어, 거래 방식, 차트 해석 모두 막막
◆ CPC 참여 후 변화
→ 디파이, 스테이킹, 스마트계약 개념을 '기능 중심'으로 이해
→ 뉴스 해석 훈련을 통해 프로젝트 흐름을 읽는 눈이 생김
→ 실전 시나리오 연습으로 '단기/중기/장기 전략' 구분 가능
◆ 결과
→ "지금 진입해도 되나요?"에서 "이 코인은 지금은 지켜보고, 다음 지지선 부근에서 분할 진입하겠습니다"로
언어 자체가 바뀌었다

CPC는 투자자에게 뭘 만드는가?
단기 수익보다 중요한 건 **투자의 주도권**이다.
◆ 내가 왜 사는지 아는가?

◆ 지금 진입이 아니라 기다려야 하는 이유는 무엇인가?

◆ 손절은 감정이 아니라 전략적 판단인가?

이 질문들에 답할 수 있을 때,

당신은 이미 시장에서 살아남을 준비가 된 것이다.

회원의 피드백 정리

"처음에는 '뭘 사야 하냐'만 궁금했는데,
이제는 '어떤 코인을 어떻게 판단해야 하냐'를 알게 됐습니다."
- CPC 초급반 2기 수료생 K님

"이제 뉴스가 뜨면 불안한 게 아니라, 분석할 수 있다는 자신감이 생겼습니다."
- CPC 온체인 분석반 수강생 L님

"수익률이 전부가 아니라, 멘탈이 무너지지 않는 구조를 갖는 게 중요하다는 걸 배웠습니다."
- CPC 정회원 W님

한 줄 요약

"사람이 바뀌면 결과도 바뀐다. 구조가 사람을 바꾼다."

이 책을 쓰게 된 진짜 이유
- 구조의 언어를 나누기 위함

왜 나는 이 책을 썼는가

이 책은 단순히 '코인을 소개하기 위한 책'이 아니다.
'구조를 보여주기 위한 책'이다.
정보는 누구나 얻을 수 있다.
뉴스도 많고, 유튜브도 많고, 텔레그램 방도 수도 없다.
그런데 왜 사람들은 반복해서 손실을 입고, 실수를 반복하는가?
그건 **정보의 부족이 아니라, 구조의 부재**때문이다.
나는 그걸 안다.
왜냐하면, 나 역시 그 구조 없이 시작했고
실패를 반복하며 구조의 중요성을 뼈저리게 체험했기 때문이다.

나는 단순한 창업자가 아니다

나는 단순히 회사를 만든 사람이 아니다.

나는,

실제 손실을 겪고, 실제 사기 구조를 통과해온 사람이다.

누가 가짜이고,

어떤 정보가 위험한지,

어떤 구조가 사람을 무너뜨리는지,

나는 현장에서 겪었다.

그래서 나는 이제, 단순한 '정보 제공자'가 아닌

'구조 설계자'가 되기로 했다.

이 책은 구조의 언어를 나누기 위한 첫걸음이다

코인이라는 세계는 결코 쉬운 세계가 아니다.

하지만 그 세계에는 **확실한 생존의 언어**가 있다.

◆ 백서를 읽을 줄 아는가

◆ 스마트계약을 확인할 수 있는가

◆ 온체인으로 진실을 검증할 수 있는가

◆ 감정이 아닌 전략으로 거래할 수 있는가

이건 재능이 아니라 **구조의 훈련**으로 익힐 수 있다.

그리고 그 구조를 나 혼자만 갖고 있을 이유가 없었다.

CPC는 당신과 함께 항해하는 플랫폼이다

나는 당신에게 이 책을 쥐여주며 이렇게 말하고 싶다.

"혼자 고민하지 마라.

시장의 언어는 혼자 해석하기 어렵다.

하지만 구조만 있다면, 우리는 함께 판단할 수 있다."

CPC는 리딩방이 아니다.

팔 코인을 찍어주는 조직이 아니다.
판단할 수 있는 구조를 설계하고,
그 구조를 같이 익히는 투자 생존 플랫폼이다.

"당신의 여정이 이제 막 시작됐다.
이 책이 당신의 항해 지도가 되었기를 바란다.
앞으로도 CPC는 단순한 안내자가 아니라,
당신과 함께 돛을 올리고 바다를 건너는 항해사로 곁에 있을 것이다.
세상의 정보는 너무 많고,
진짜는 너무 적다.
CPC는 그 진짜를 찾고, 지키고, 함께 나누겠다."

한 줄 요약
"이 책은 구조의 언어를 나누기 위한 나의 선언이다."

사기 유형의 구조와 실전 분석

이 책을 쓰게 된 진짜 이유
– 구조의 언어를 나누기 위함

사기성 구조는 어떻게 만들어지는가?

사기는 단순한 '거짓말'이 아니다.
사기란 구조를 가진 기술이다.
특히 투자 시장에서의 사기는
"있는 것처럼 보이게 만들고, 더 있어 보이게 포장하는 기술"에 가깝다.
실체가 없는 프로젝트를
있는 것처럼 보이게 만드는 구조.
가치를 10배, 100배로 부풀려서
초보자들에게 넘기는 구조.
그 구조의 핵심이 바로 다음과 같다.

구조의 핵심 ①
"500원을 5,000원처럼 보이게 하는 5단계"

CPC는 실전에서 다음과 같은 사기 구조를 여러 번 확인했다. 초보 투자자가 가장 많이 당하는 시나리오다.

1. 희소성 연출
- ◆ "곧 상장돼요", "기회는 지금뿐", "마지막 수량"
- ◆ 공급이 적은 것처럼 조작한다

사전매수 + 가격 띄우기
- ◆ 내부자들이 미리 매수 후 가격을 일부러 끌어올린다
- ◆ 장외 가격을 일부러 올리고, 리딩방에 공유한다

거래량 조작
- ◆ 거래소에 일부 상장 (유동성 거의 없음)
- ◆ 거래량을 인위적으로 부풀려서 '실시간 인기 코인'처럼 만든다

언론·커뮤니티 바이럴
- ◆ 투자 블로그, SNS, 커뮤니티에 "이거 좋다"라는 식의 글 대량 유포
- ◆ 후기처럼 보이지만 전부 마케팅

가격 급등 시점에 일반인에게 매도
- ◆ 초기 매수자들은 이익 실현
- ◆ 늦게 들어온 사람들은 고점에서 물림

→ 이 구조가 바로 **"500원을 5,000원처럼 포장하는 기술"**이다.
문제는 이걸 **"진짜 가치 상승"**이라고 믿는 사람들이 늘어난다는 점이다.

왜 이 구조가 반복되는가?

사기는 반복된다. 왜?

사람들의 감정 구조는 변하지 않기 때문이다.
- 조급함
- 소외감
- '나만 기회를 놓칠까 봐'라는 불안감
- 누군가 수익을 냈다는 이야기에 대한 부러움

이 감정들이 **판단을 마비시킨다.**
그리고 사기 구조는 바로 그 감정의 빈틈을 파고든다.

실전 사례 – 구조는 이렇게 만들어진다

실제 CPC가 과거 시장에서 경험했던 구조 중 하나는 이렇다:
- 한 코인이 있다. 현재 가격은 장외 기준 약 500원.
- 리딩방, 단톡방을 통해 "1,000원에 살 수 있는 마지막 기회"라는 말이 돌기 시작.
- 일부 수량이 1,000원에 팔리고, 구매 인증 캡처가 뿌려진다.
- 이어서 "1,500원 되기 전 마지막 물량"이란 말과 함께 2차 매수 유도.
- 실제로는 유통량이 거의 없고, 거래소 상장은 계획도 없음.
- 초기 내부자는 이미 300원에 매수 → 1,500원에 매도 → 5배 수익
- 이후 프로젝트는 소리소문 없이 사라지고, 남은 사람만 손실

→ **이런 구조를 아는 사람은 안 속는다.**
하지만 구조를 모르는 사람은 항상 '처음 당하는 것처럼' 당한다.

CPC의 구조적 판단 기준

CPC는 절대 "그 코인 좋아요"라는 식으로 접근하지 않는다. 다음과 같

은 기준이 사전에 적용된다:
- ◆ 백서가 실제로 존재하고, 기술 내용이 말이 되는가
- ◆ 지갑 주소가 공개돼 있으며, 락업이 확인되는가
- ◆ 팀 정보가 검증 가능한가
- ◆ 유통량 대비 유동성이 정상인가
- ◆ 바이럴이 '사용자 리뷰'인지 '조작된 마케팅'인지 판별 가능한가

→ 이 기준 없이 **"이거 곧 뜹니다"**는 말에 진입하면 그건 투자도, 투기도 아닌 **감정적 베팅**에 불과하다.

수수료와 회전의 미로
- 내부자 구조 해설

표면의 논리 vs 내부의 목적

사기성 구조는 대개 '그럴듯한 논리'를 앞세운다.
하지만 **겉의 말과 속의 구조는 다르다.**

겉으로 하는 말	실제 구조의 목적
"지금 사면 수익 커요"	조기 매도 준비 중
"회전률이 좋아야 수익도 납니다"	수수료 수익 극대화
"이건 커뮤니티 기반이에요"	내부 인력 바이럴 중심
"기존 회원들도 다 벌었어요"	이전 회원이 신규를 유치해야 본전

→ 겉에 드러난 말이 아니라, 구조를 봐야 진실이 보인다.

구조의 핵심 ②

"수수료로 먹는 구조 vs 투자자는 물리는 구조"

CPC는 실제 P2P 시장과 코인 장외에서
수수료 구조의 악용을 수차례 확인했다.

대표적인 형태는 다음과 같다:

1. 수수료 기반 리딩 조직

- ◆ 투자자 A가 100만 원 구매
- ◆ 리딩자 또는 조직이 1020% 커미션(= 1020만 원)
- ◆ 코인 가격이 떨어지든 말든, 리딩자는 이미 이익

회전이 빠를수록 더 많은 수수료

- ◆ A에게 사게 하고
- ◆ A가 다시 지인 B에게 팔게 하고
- ◆ B가 다시 C에게 넘기면
- ◆ 조직은 거래마다 **수수료를 반복해서 챙김**

→ 이 구조의 핵심은 **"실체가 아니라 회전"**이다.

제품이 좋아서 파는 게 아니라,
계속 팔 수 있어서 수익이 나는 구조다.

실전 사례 – 회전의 미로에 빠진 투자자

A는 코인을 1,000원에 샀다.
"회전률이 좋다", "단기 수익이다"라는 말에 3일 뒤 B에게 1,300원에 넘겼다.
B는 C에게 1,500원에 넘겼고, 이 과정에서 각 리딩자와 조직은
건당 수십만 원씩의 수수료를 가져갔다.
하지만 결국 C가 매수한 시점에서

유동성이 막히고 더 이상 구매자가 없었다.
가격은 1,000원 이하로 급락.
A, B, C 모두 손실. 하지만 **조직은 이득.**
→ 이건 구조의 설계지, 실수나 사고가 아니다.

왜 투자자는 빠져나오기 어려운가?

이 구조에서 투자자는 스스로 빠져나오기 어렵다.
이유는 다음과 같다:

- ◆ "이왕 샀으니까 버텨보자"는 심리
- ◆ "나만 손해 보기 싫다"는 감정
- ◆ "나도 누군가에게 넘기면 되지 않을까" 하는 기대
- ◆ "이거 진짜 좋아 보이긴 하던데…"라는 희망

→ 결국, 구조를 모르고 진입하면
내가 그 구조의 일부가 되는 것이다.
어느 순간 나도 누군가에게 '넘기고 싶은 사람'이 되어버린다.

CPC의 경고 기준

CPC는 다음과 같은 구조가 보이면
절대 진입하지 말 것을 경고한다.

- ◆ 매수자가 수익이 아니라 '수수료'를 받는 구조
- ◆ 가격의 기준이 '시장'이 아니라 '조직 내부 논리'인 구조
- ◆ 회전율을 강조하면서 '유동성'은 부족한 구조
- ◆ 백서, 지갑 주소, 팀 정보 등 핵심 정보가 불투명한 구조

→ 수수료가 시스템의 핵심일 경우,
그건 **투자 구조가 아닌 판매 구조**일 가능성이 높다.

그 조직 안에서 배운 구조, 빠져나온 이유

나는 단순한 피해자가 아니었다

CPC의 설립자인 나는,
이 시장을 단순히 '관찰한 사람'이 아니다.
직접 그 회색지대 안에서보고, 듣고, 부딪치며 살아남은 사람이다.
내가 경험한 건 단순한 실패가 아니다.
"그 구조가 어떻게 돈을 만들고, 어떻게 사람을 무너뜨리는지"를
가장 가까이에서 본 경험이었다.

구조 ① 수수료 기반 회전 – 계속 팔아야만 살아남는다

내가 본 그 구조에서는
'고객'은 진입점일 뿐, 본질은 회전이었다.

- ◆ 500원짜리 코인을 5,000원에 팔고
- ◆ 수수료 30%를 챙기며

◆ 다음 사람에게는 "지금 안 사면 늦어요"라는 말이 반복된다

이 말은 처음엔 나에게도 통했다.

나도 믿었다. 내가 팔고 있는 게 괜찮은 것이라고.

하지만 어느 순간 알게 됐다.

이건 누군가를 구하겠다는 구조가 아니라,

누군가를 밟고 올라가야만 살아남는 구조라는 걸.

구조 ② 매수자 = 다음 피해자

그 구조 안에서는 '정보'가 아니라

'심리'를 주로 설계한다.

◆ 불안한 뉴스 → 공포 유도

◆ 유튜브 인기 영상 → 급등 유도

◆ 회원 인증샷 → "나도 저렇게 벌 수 있겠지"라는 감정 자극

이건 분석이 아니었다.

조작이었다. 연출이었다.

그리고 가장 무서운 건,

그 구조 안에 있으면 어느 순간

나조차 그 구조의 일부가 되어간다는 점이다.

그래서 나는 나왔다

나는 결심했다.

"이 구조 안에서는 더 이상 인간다운 선택을 할 수 없다."

◆ 수익보다 사람을 먼저 생각하는 구조

◆ 정보가 아니라 구조로 판단하는 시스템

◆ 회전이 아니라 '검증'으로 작동하는 플랫폼

그걸 만들어야 한다고.
그리고 그게 바로 CPC의 시작이었다.

CPC는 무엇을 거부하는가

1. 단기 회전으로 먹는 수수료 구조
2. 정확한 데이터 없이 말로만 설명하는 리딩
3. 진입 시점을 감정으로 설계하는 구조
4. 투자자가 아니라 판매자로 몰아가는 방식

CPC는 이 모든 것을 거부한다.
CPC는 정보를 파는 곳이 아니라,
"판단력을 설계하는 곳"이다.

실전 사례 – '내가 빠져나온 이유'

나는 어느 날, 한 조직 내부에서 **'락업이 풀릴 날자'**를 알고 있었다.

◆ 그날, 큰 물량이 시장에 나올 예정이었다
◆ 많은 투자자들이 아무것도 모른 채 기다리고 있었다
◆ 나에게는 팔 수 있는 기회가 있었다

하지만 나는 **팔지 않았다.**
그날 이후, 나는 그 조직을 나왔다.
그리고 구조를 다시 설계하기로 했다.

지금 CPC는
무엇을 다르게 만들었는가

구조는 감정을 설계한다

사기성 구조는 감정을 먼저 설계한다.

- ◆ "곧 상장입니다" → 기대감 자극
- ◆ "이게 마지막 기회예요" → 조급함 유도
- ◆ "선착순입니다" → 경쟁심 조성

이런 구조는 **항상 소비자의 감정에 먼저 침투**한다.
판단은 흐려지고, '충동'이 결정을 대체하게 된다.
CPC는 이 구조를 정면으로 거부한다.
우리는 감정을 설계하지 않는다. 구조만 설계한다.

CPC가 만든 구조는 '정지'에서 시작한다

CPC는 투자자에게 먼저 '멈춤'을 요구한다.

- ◆ 지금 왜 이걸 사려고 하는가?

- ◆ 이 정보는 누가 말했는가?
- ◆ 나는 진짜로 이해하고 진입하는가?

즉시 매수를 유도하지 않고,
즉시 판단을 멈추게 한다.
이 멈춤은 무기가 된다.
'빠른 진입'이 아니라 '정확한 구조 해석'이
당신을 보호하고, 살아남게 한다.

우리는 이렇게 다르게 설계한다
1. 정보 대신 구조로 말한다
- ◆ "이 코인이 좋습니다" 대신
- ◆ "이 코인의 구조는 이렇게 작동합니다"로 설명

2. 매수보다 먼저 멘탈을 다룬다
- ◆ 시장 공포 시, 매도보다 감정 해석을 먼저
- ◆ 급등기엔 진입보다 냉정을 먼저 안내

3. 말이 아닌, 온체인으로 검증한다
- ◆ "지갑 주소 확인"
- ◆ "락업 물량 조회"
- ◆ "매집 내역 분석"
   - → 텔레그램 정보 대신 블록체인 데이터를 우선시함

4. 감정 아닌 시나리오 중심 전략
- ◆ 3분할 진입
- ◆ 손절 기준 명시
- ◆ 예산 대비 진입 비율 설정

실전 예시 – CPC 회원 대응 사례

① '갑작스런 악재 뉴스' 발생

일반 투자자: "망했나 봐요" → 공포 매도

CPC 회원:
- ◆ 뉴스 발생 시간 확인
- ◆ 온체인에서 고래 매도 확인 없음
- ◆ 팀 AMA 일정 존재 → 루머로 판단 → 보류

② 신규 프로젝트 런칭 정보

일반 투자자: "좋다니까 넣어야지"

CPC 회원:
- ◆ 백서 요약 분석
- ◆ 토큰 분배 구조 확인
- ◆ 팀 지갑 조회 후 → 조건 충족 시 일부 진입

CPC의 핵심 설계 원칙

항 목	사기 구조	CPC 구조
정보 전달	말과 이미지 위주	온체인·백서 중심
매수 유도	감정 자극, 시급함 조성	판단 유도, 냉정 유지
진입 구조	전액 몰빵	분할 진입 전략
투자 기준	타인의 말	자기 기준 형성
사후 대응	패닉셀 유도	시나리오 대응

구조는 말보다 강하다

사기는 말로 설득한다.

하지만 구조는 **판단을 설계**한다.
- ◆ 정보는 누구나 줄 수 있다
- ◆ 하지만 **'판단할 수 있는 틀'**을 주는 조직은 드물다
- ◆ CPC는 말보다 구조를 신뢰한다

**CPC는 당신을 고객이 아니라
'판단 가능한 투자자'로 만든다.**

실제 사기 피해자들의 케이스 분석

피해자 A – "누가 소개해줬는데, 설마…"
상황 요약:
지인의 추천으로 비상장 코인에 투자. "곧 상장된다, 다들 하고 있다"는 말에 안심하고 전액 매수.

실제 구조:
- ◆ 백서 없음
- ◆ 락업 조건 공개 안 됨
- ◆ 온체인 기록상 팀 지갑에서 지속 매도 발생

결과:
상장 무산 → 시장가 폭락 → 피해자 다수 발생

분석:
지인의 신뢰가 판단 기준을 마비시킴→ 정보 구조 없음 = 감정 의존→ 구조를 먼저 살피는 습관이 있었다면 피해 가능

피해자 B – "유명 유튜버도 홍보했어요"
상황 요약:
구독 중이던 유튜버가 특정 프로젝트를 강력 추천."저도 샀습니다", "다음 주 기대하세요" 등 반복 강조
실제 구조:
- 홍보 수수료 구조 존재
- 영상 속 정보는 대부분 오프체인 루머
- 코인 배분 70%가 팀·파트너사에게 집중

결과:
코인 상장 후 3일 만에 -60% 하락피해자들은 유튜버에게 항의했지만 대응 無
분석:
유명세 ≠ 정보의 신뢰도→ 온체인 조회, 백서 확인, 토큰 배분 분석이 선행되었어야 함

피해자 C – "단톡방 리딩으로 알게 됐어요"
상황 요약:
오픈채팅 리딩방에서 '고급 정보' 제공선착순 참여 권유 / 사진 인증 / 수익 인증 유도
실제 구조:
- 방장은 팀 내부자 아님 (익명)
- 수익 인증은 조작 이미지
- 특정 코인에 몰빵 유도 후 팀 지갑 매도 발생

결과:
진입 직후 급락 → 공황 매도 유도→ "지금 손절하면 바보예요" → 장

기 홀딩 유도 → 전액 손실

분석:

전형적인 '심리 조작 + 구조 왜곡' 사례→ 냉정하게 구조만 봤다면 진입 전 막을 수 있었음

공통점 정리: 사기는 언제나 '구조 외면'에서 시작된다

케이스	공통 실수	구조적 결핍
A	지인 신뢰에 의존	정보 검증 없음
B	인플루언서 맹신	토큰 구조 분석 부재
C	단톡방 루머 추종	리딩방 구조 인식 부족

→ 모든 케이스에서 '정확한 구조 해석'이 있었다면
피해는 줄거나, 사전에 차단 가능했다.

CPC의 사전 차단 시스템

CPC는 아래 기준에 따라 의심 구조를 사전에 차단한다:

○ 백서에 실체 없는 경우 → 경고

○ 팀 정보, 지갑 주소 불명확 → 투자 자제

○ 수익 모델이 불투명하거나 MLM 구조 유사 → 차단

○ 락업 조건 없음 / 토큰 분배가 팀 중심 → 보류

○ 유튜브, SNS 기반 홍보 과다 → 경계

구조를 통해 신호를 포착하는 시스템

이것이 CPC가 추구하는 '생존 구조'이다.

기억하라: 사기는 그럴듯하다. 구조는 진실하다

- ◆ 사기는 언제나 믿을 만하게 포장된다
- ◆ 하지만 구조는 '보여지는 이미지'가 아니라
  '숫자'와 '기록' 속에서 실체를 드러낸다

사기 피해자들의 공통된 말은 이것이다.
"그때는 몰랐어요. 그냥 다들 하길래…"
CPC는 그 '몰랐다'를 막기 위해 존재한다.
구조를 먼저 보는 습관,
그것이 당신의 투자 생존력을 결정할 것이다.

투자자 입장에서 반드시 피해야 할 신호들

사기는 소리 없이 다가오지 않는다.

사기성 프로젝트는 늘 '그럴듯한 언어'로 자신을 포장한다. 하지만 그 안을 들여다보면, 일정한 **"공통된 신호"**가 있다. 이 신호를 미리 인식할 수 있다면, 피해는 충분히 줄일 수 있다.

피해야 할 신호 1
"곧 상장됩니다. 이건 내부 정보예요"
- ◆ 실제 상장은 거래소 공식 공지 이전엔 확인 불가
- ◆ 누구도 '확정된 상장일'을 사전에 유출할 수 없음
- ◆ 내부 정보인 듯한 말은, **심리 조작**의 시작일 수 있음

CPC의 시선:
상장은 확정 이후 말하는 것, 미확정 상태에서의 강조는 '불안심리 자극'에 불과하다.

피해야 할 신호 2
"이건 수익률이 미쳤어요. 곧 10배 갑니다"
- ◆ 수익률 강조, 예상 상승폭 단정 → 투기 심리 유도
- ◆ 백서, 구조, 팀 정보 등 **실체보다 기대만 강조**함
- ◆ 특히 숫자를 정확하게 제시하는 말 ("30배 확정" 등)은 경계해야 함

CPC의 시선:
수익은 데이터로 확인해야지, 말로 확정할 수 있는 게 아니다.

피해야 할 신호 3
"지금 안 사면 기회 놓쳐요"
- ◆ '급박함' 조성은 인간 심리를 이용한 대표적 수법
- ◆ 시간을 촉박하게 만들어 판단력을 흐리게 함
- ◆ 한정 수량 강조, 선착순 마감, 카운트다운 사용 등

CPC의 시선:
진짜 기회는, 시간을 줄여서 파는 것이 아니라 구조를 설명하며 기다릴 수 있는 여유에서 나온다.

피해야 할 신호 4
"이건 우리만 아는 진짜 정보입니다"
- ◆ 비공개 정보, 단톡방 한정 정보 강조
- ◆ "시세 조작 들어갑니다", "매집 완료" 등의 용어 사용
- ◆ 내부자 흉내 / 매크로 캡처 등 조작 정보 혼입

CPC의 시선:
정보는 공유되어야 가치가 있다. 혼자만 아는 정보라는 말은, 이미 속임수

일 가능성이 높다.

피해야 할 신호 5
"유명한 OOO도 투자했어요"
- ◆ 연예인, 유튜버, 셀럽 마케팅 활용
- ◆ 실제 지분 참여가 아닌 광고일 가능성 多
- ◆ "들었다더라", "찍었다더라" 수준의 풍문은 주의

CPC의 시선:

사람이 아니라, 구조를 보라.

누가 참여했는지가 아니라, **어떻게 운영되는지가 핵심이다.**

실전 사례 – CPC 회원 D의 빠른 대처
상황:

A코인 리딩방에서 "내일 대형 거래소 상장 예정"

→ 많은 사람들 진입 준비

D 회원의 행동:

    1. 백서 검토: 상장 거래소에 대한 언급 없음

    2. 온체인 확인: 팀 지갑에서 코인 대량 이동 감지

    3. 팀 경력 조회: 1회 ICO 실패 경력 있음

결과:

진입 보류 → 다음 날 거래소 미상장, 가격 급락 → 손실 회피

포인트:

D는 아무도 '팔지 말라'고 하지 않아도, **구조를 보고 판단**했다.

한눈에 정리 – 사기 구조의 주요 신호

신호 문장	실제 의미
"상장 확정입니다"	심리 조작 또는 가짜 루머
"30배 수익 보장"	근거 없는 투기 유도
"선착순 100명 한정"	판단력 흐림 유도
"유명 OOO도 샀어요"	외형 포장 / 실체 없음 가능성
"우리만 아는 정보입니다"	검증 불가, 위험 신호

CPC의 핵심 안내

◆ 판단은 속도보다 구조

◆ 정보는 양보다 근거

◆ 말보다 기록

◆ 포장보다 진실

이 네 가지 기준으로만 필터링해도,
대부분의 사기 구조는 **진입 전에 차단**이 가능하다.

구조를 아는 자만이 사기를 피할 수 있다

사기는 감정의 빈틈을 파고든다

사기꾼은 감정을 먼저 건드린다.
'불안', '욕심', '조급함', '소외감' – 이 네 가지는 언제나 공격의 출발점이다.
그런데 문제는, 대부분의 초보 투자자들이 그걸 **인지하지 못한 채** 움직인다는 것이다.
○ 불안 → "나만 못 벌고 있는 것 같아"
○ 욕심 → "지금 들어가면 몇 배 수익 가능하대"
○ 조급함 → "지금 아니면 기회가 없다"
○ 소외감 → "커뮤니티에선 다 샀대, 나만 안 샀나?"
결국 이들은 **판단이 아니라 감정으로 진입하게 된다.**

구조를 아는 자는 유혹에 흔들리지 않는다

CPC는 단순한 정보 제공 서비스가 아니다.
감정의 빈틈을 막아주는 구조를 만들어주는 곳이다.
다음은 CPC 회원들의 실제 반응이다.

유혹의 메시지	CPC 회원의 판단 구조
"상장 임박, 오늘 밤 안에 들어와야"	상장 공시는 공식 채널로만 확인. 진입 보류.
"이거 10배 갔어요. 곧 다시 간다"	차트와 온체인 데이터엔 재매집 징후 없음.
"다른 사람은 다 벌었어요"	수익 인증은 개인의 시점일 뿐. 내 구조와 무관.

이게 바로 구조를 갖춘 사람들의 사고 방식이다.

실전 사례 – 사기에서 벗어난 E 회원 이야기

과거:
지인의 소개로 한 프로젝트에 200만 원 진입
"상장 임박 / 내부자 매집 중 / 5배 수익 보장"
→ 상장 불발, 팀 사라짐 → 전액 손실

이후:
CPC 가입 후 구조 학습
백서·지갑·온체인·토크노믹스 체크하는 습관 습득

최근 사례:
한 NFT 프로젝트 진입 권유 받음
→ 스마트 계약 조회 / 커뮤니티 확인 / 거래 이력 분석
→ 이상 징후 발견 → 진입 보류

→ 실제 해당 프로젝트, 일주일 후 Rug Pull 발생

E 회원의 말:

"전엔 '좋아 보이면 들어갔고',

이젠 '좋아 보여도 구조를 먼저 본다.'

그게 살아남는 길이었다."

구조가 있는 사람은 속지 않는다

사기 구조의 핵심은 **판단력을 흐리는 것**이다.

하지만 구조가 있는 사람은 다음 네 가지 질문으로 필터링한다.

    1. 이 정보는 **누가 말했는가?**(출처)

    2. 이 코인은 **어떻게 수익을 만드는가?**(모델)

    3. 내 진입 타이밍은 **근거가 있는가?**(시점)

    4. 내가 나가야 할 시점도 **정해져 있는가?**(출구전략)

이 네 가지 중 단 하나라도 "모르겠다"면

진입하지 않는 것이 가장 안전한 전략이다.

한 줄 요약

"구조를 아는 사람만이, 감정의 틈을 지킬 수 있다." "그리고 그 구조는, 정보가 아니라 질문으로 시작된다."

코린이가 진입 전에
반드시 읽어야 할 이야기

나는 왜 정보가 없으면 살아남기 어렵다고 느꼈는가

시작은 '감'이었다

누구에게나 첫 진입은 있다.

그 시작은 대개, **이유보다는 감정**에 기반한다.

"친구가 벌었다더라."

"요즘은 다 코인 한대."

"나도 한 번 해볼까…"

나 역시 그랬다.

구조는 없었고, 개념도 없었다.

그저 **'사람들이 말하니까'** 시작했다.

- '이 코인이 왜 좋은지'는 몰랐다.
- '지금이 왜 진입 시점인지'도 몰랐다.
- '어디까지 오를지, 어디서 나와야 할지'도 몰랐다.

그 결과는 명확하다.

수익은 감정의 보상이 아니라, 구조의 결과임을
몸으로 겪고서야 알게 되었다.

정보가 없던 것이 아니라, '보는 틀'이 없었다
나는 한동안 이렇게 생각했다.
"내가 정보가 부족해서 맨날 손해 보는 거야."
그래서 수많은 커뮤니티를 가입하고, 유튜브도 수십 개 봤다.
텔레그램, 디스코드, 뉴스, 카페…
그런데 이상했다.
정보는 넘치는데, 더 헷갈렸다.
누구는 오른다 하고, 누구는 빠진다 하고
누구는 사라 하고, 누구는 기다리라 한다.
나는 그때 깨달았다.
**정보의 유무가 중요한 게 아니라,
정보를 해석할 수 있는 구조가 없으면 아무 소용이 없다는 것.**

판단 없는 정보는 독이다
다음은 실제로 내가 직접 겪었던 3가지 상황이다.
○ 정보는 많았다.
○ 분위기도 좋았다.
○ 그런데 '내 기준'이 없었다.

상 황	결 과
커뮤니티에서 모두 "상장 임박"이라고 말함	조급하게 진입 → 허위 정보 → 급락 손실
유튜브에서 "이 코인은 무조건 간다"는 영상	전액 매수 → 팀 해체 루머 → 90% 하락
지인이 "이건 내부 소식이야"라고 확신	구조 없음 → 락업 없음 → 팀 물량 던짐

→ 이 모든 실패의 공통점은 단 하나.
판단 기준이 없었다.
누가 말했는지, 구조가 있는지, 내 전략과 맞는지…
아무것도 점검하지 못한 채, 감정만 앞섰다.

CPC의 시선 – 정보는 '보는 구조'가 있을 때만 무기가 된다

CPC는 단순히 "이건 좋다"는 식의 정보를 제공하지 않는다.
우리는 이렇게 묻는다.
○ "왜 좋은가?"
○ "이 프로젝트는 수익 구조가 있는가?"
○ "진입 시점은 어떤 기준으로 정할 것인가?"
○ "정보의 출처와 검증은 되었는가?"
이 질문들이 바로 구조다. 그 구조가 있어야만,
정보가 기회가 되며, 감정이 전략으로 바뀐다.

실전 사례 – 구조 없는 사람 vs 구조를 배운 사람

CPC에 처음 들어온 회원 H는 다음과 같은 상태였다.
과거

- ◆ 투자 3회
- ◆ 모두 주변 사람의 말만 듣고 진입
- ◆ 전부 −40% 이상 손실
- ◆ "왜 그런지도 모르겠어요. 그냥 다 틀렸어요…"

CPC 입장 후

- ◆ 구조 수업 2주 수강
- ◆ 첫 진입 시 구조 체크리스트 작성
- ◆ 정보 출처·백서·온체인 흐름 분석 후 투자
- ◆ 첫 투자: +8% 익절 성공 → 리스크 최소화
- ◆ 현재는 스스로 프로젝트 리딩 가능

→ 바뀐 것은 '정보'가 아니다.
→ '보는 구조'가 생겼을 뿐인데, 결과는 완전히 달라졌다.

한 줄 요약

"정보가 없는 게 아니라, 구조가 없는 것이 진짜 리스크다."

P2P, 장외시장, 비상장 코인의 생생한 경험

나는 시장 '겉'이 아니라 '속'부터 봤다

많은 투자자는 거래소에서만 코인을 접한다.

그러나 나는 그보다 훨씬 이전,

거래소에 올라오기 전 단계인 장외시장과 P2P 구조를 먼저 경험했다.

그곳은 다르다.

가격은 정해져 있지 않고,

정보는 '공식 뉴스'가 아니라 '사람들 입'에서 돌아다닌다.

코인의 가치보다, **'어떻게 팔아야 이익이 남는가'** 가 우선이다.

이곳에서 나는 진짜 구조를 목격했다.

구조 1. 가격이 아니라 '포장'이 만드는 시장

어떤 비상장 코인은 500원짜리였다.

하지만 사람들에게는 이렇게 소개됐다.

"○○ 거래소 상장 확정"

"곧 5,000원 간다"

"지금 안 사면 못 산다"

결과는?

500원짜리가 10배 가격인 5,000원에 판매되었다.

구조는 단순했다.

○ 공급가를 숨긴다

○ 희소성·상장 루머로 수요를 자극한다

○ 수익을 극대화한 뒤 유통은 시장에 맡긴다

→ 여기엔 진짜 정보도, 프로젝트 가치도 없었다.

→ **오직 구조만 있었다.**

구조 2. 수수료와 회전으로 돌아가는 미로

그런 구조의 시스템 안에서는

'판매자'가 아니라 '중간 유통자'가 돈을 번다.

그리고 이 유통은 다시 수십 개의 팀으로 나뉜다.

○ 상부 → 코인을 공급

○ 중간 → 사람 모집, 홍보, 교육

○ 하부 → 실제로 사람을 설득해 판매

여기서 가장 중요한 건

"판매량에 따른 수수료 구조"다.

- ◆ 많이 팔수록 높은 수수료
- ◆ 팀을 만들면 '조직 수익' 추가
- ◆ 회전을 시키면 보너스 지급

결국, 이 구조는 **판매가 목적이지 투자 성과가 목적이 아니다.**

구조 3. 나는 빠져나왔다. 그리고 새 시스템을 만들기로 했다

나는 이 구조 안에서 두 가지를 동시에 느꼈다.

    1. 이 구조는 오래 못 간다.

    2. 구조 자체는 무섭도록 치밀하다.

그래서 선택했다.

"이 구조를 해체하고, 새로운 구조를 만들자."

내가 원하는 건

○ 투자자의 관점에서

○ 정보가 구조 안에서 전달되고

○ 수익이 아닌 '판단력'을 기르는 구조

그래서 CPC를 만들었다.

그리고 지금 이 책을 쓰고 있다.

CPC가 만든 구조는 이런 점이 다르다

기존 구조	CPC 구조
코인을 중심으로 판매	정보와 구조 중심 교육
수수료로 조직 유지	분석·상담·온체인 기반
감정 자극 마케팅	구조 기반 판단력 훈련
단기 유입 목적	장기 관점 커뮤니티 운영
정체된 정보 반복	실시간 정보 해석 구조 도입

CPC는 단순히 "이 코인 어때요?"를 말하는 곳이 아니다.

CPC는 "왜 그 코인이 지금 위험한지"부터 설명한다.

실전 사례 – 구조가 바뀌면, 결과도 바뀐다

과거
- ◆ A씨 : 비상장 코인 판매 경험
- ◆ 구조 없이 "상장 임박"만 듣고 진입
- ◆ 손실 후 투자 중단

현재
- ◆ CPC 회원으로 구조 기반 정보 학습
- ◆ 온체인 데이터 기반 프로젝트 분석
- ◆ 첫 진입 후 3개월간 평균 +15% 수익 유지

→ 사람은 바뀌지 않았다.
→ **구조가 바뀌었을 뿐이다.**

한 줄 요약
"진짜 문제는 코인이 아니라, 그것을 설명하는 구조였다."

파이코인·쿼라니움
- 대중과 내부의 시선 차이

"이 코인, 진짜인가요?"
코인 투자에 관심 있는 사람들이 가장 자주 묻는 말이다.
특히 요즘처럼 커뮤니티나 SNS를 통해
파이코인(Pi), 쿼라니움(QRN)같은 프로젝트가 회자될 때 더욱 그렇다.
하지만 CPC는 이 질문을 다르게 본다.
"그 코인이 진짜인지"보다 중요한 건
→ **"당신이 그 코인을 어떤 구조로 바라보는가"**이다.

사례 1. 파이코인 - 전 세계에서 가장 유명한 '미상장 코인'
파이코인은 채굴 앱을 기반으로
가입만 하면 코인을 받을 수 있다는 구조로
전 세계 3,000만 명 이상의 유저를 확보했다.

겉에서 본 시선

- ◆ "이거 공짜 아니야?"
- ◆ "상장만 되면 대박날 듯"
- ◆ "안 하면 손해일 수도"

내부에서 본 시선
- ◆ 네트워크는 거대하지만, 실제 유통 구조는 불투명
- ◆ 메인넷, 상장 시기, 유동성 계획 등은 명확하지 않음
- ◆ 커뮤니티 내부 정보 흐름과 실제 기술 발표 간 간극 존재

→ CPC의 시선
: "사용자 수는 많지만, 구조적 근거가 아직 부족하다."
→ 판단 기준: 생태계 진입 장벽, 디앱 활성화 여부, 유동성 준비 상태

사례 2. 쿼라니움 – 빠르게 부상한 신규 비상장 코인

쿼라니움은 국내외 일부 커뮤니티를 통해 빠르게 입소문을 탔다.
"지금 P2P로 살 수 있다"
"7월에 4,000원 상장 예정" "기술력+파트너십+IEO 진행"

겉에서 본 시선
- ◆ "이거 지금 사야 되는 거 아냐?"
- ◆ "진짜 상장되면 몇 배는 수익"
- ◆ "누가 봐도 정보 선점 기회!"

내부에서 본 시선
- ◆ P2P 판매 가격과 공급가 차이 존재
- ◆ 팀 지갑 락업 여부, 상장 일정 등 구체적 확인 필요
- ◆ 커뮤니티 확산이 구조보다 속도 중심으로 진행 중

→ CPC의 시선
: "진입은 구조가 보일 때만 한다. 루머에 올라타는 투자는 위험하다."

→ 판단 기준
: 백서, 온체인 유통 추적, 고래 지갑 활동, 파트너 발표의 신뢰도

문제는 '정보 부족'이 아니라 '구조 해석력'의 부족

구 분	대중적 시선	구조적 분석
파이코인	무료 채굴, 상장 기대	실제 상장 구조, 유동성 계획 검토
쿼라니움	소문 확산, 투자 찬스	공급-수요 구조, 지갑 유통 내역 분석

→ 같은 코인을 보더라도, 보는 구조에 따라 판단은 극과 극이 될 수 있다.

CPC의 설명 방식 – "보는 눈이 없으면, 기회도 없다"

CPC는
○ 누구보다 빠른 정보보다
○ 누구보다 정확한 구조 해석을 중요하게 본다.
→ 코인이 좋다?
→ 그 코인의 유통 구조, 팀 정보, 백서의 수익 설계, 락업 기간은?
→ 구조 없이 '느낌'으로 진입하는 건 **도박**에 가깝다.

한 줄 요약

"진짜 기회는 루머에 있지 않고, 구조에 있다."

정보의 구조 없이는 반복이 되풀이된다

"다시 똑같은 실수를 했다"

CPC가 만난 많은 초보 투자자들이 공통적으로 말하는 고백이다.
한 번 실패했으면, 다음엔 달라져야 한다.
그런데 왜 또 같은 실수를 반복할까?
→ 답은 단순하다.
"정보는 있었지만, **그 정보를 구조적으로 해석할 기준**이 없었기 때문이다."

예시로 보는 반복의 메커니즘

○ 사례 A – 상승 뉴스 진입 → 하락 → 손절
- ◆ 뉴스: "○○코인, 글로벌 거래소 상장 확정"
- ◆ 매수 진입 → 다음 날 하락
- ◆ 패닉셀 후 손실 확정

- ◆ 이후 반등 → 다시 진입 → 또 하락
- → 구조 분석 없음 → 루머-감정 반복 → 손실 누적
- ○ 사례 B - 커뮤니티 추천 코인 진입
  - ◆ "이건 진짜다", "이제 막 물량 풀린다"
  - ◆ 주변 사람 따라 진입
  - ◆ 구조 파악 없이 들고 있다가 유동성 부족으로 하락
  - ◆ 비슷한 구조의 다른 코인에도 반복 진입
- → 원인은 '정보'가 아니라 '구조 부재'

반복을 멈추는 첫걸음은 구조화된 시선이다

질 문	구조적 판단 기준
이 코인이 진짜일까?	팀 지갑, 백서, 수익 모델, 커뮤니티 활성도
지금 들어가도 될까?	온체인 활동, 거래소 유동성, 시가총액 대비 진입 시점
계속 들고 있어도 될까?	시장 심리, 고래 움직임, 잠재 호재/악재 시기

→ 감정이 아닌 기준이 있다면, 패턴은 반복되지 않는다.

CPC의 구조 필터 4단계

1. **정보 필터링** - 루머 vs 공시 vs 온체인
2. **구조 파악** - 수익모델, 생태계 구조, 유통 일정
3. **타이밍 인식** - 시장 심리, 고점/저점 구조
4. **전략 수립** - 진입/보유/회수 시나리오

→ 이 4단계가 없는 투자는,
다음 뉴스에도, 다음 코인에도, 또 같은 실수를 반복할 수 있다.

실전 사례 – 구조화된 투자자의 행동 변화
O CPC 회원 J의 변화

구 분	초 기	2개월 후
정보 해석	"이게 오를까요?"	"이 뉴스는 벌써 반영된 것 같아요"
투자 전략	무작위 매수	비율·시점 분할 전략 활용
실수 반복	동일 코인 반복 진입	감정 매매 줄고, 보유 전략 유지

→ 공부의 핵심은 반복을 줄이는 것이다.

정보는 어디에나 있다. 하지만 그것을 구조화하지 않으면,
결국 똑같은 상황, 똑같은 반응, 똑같은 손실이 되풀이된다.

CPC의 말

"감정은 복사되고, 구조는 판단을 만든다.
우리는 당신이 같은 실수를 반복하지 않도록
정보보다 '판단할 수 있는 기준'을 먼저 드린다."

한 줄 요약

"정보는 바뀌지 않는다.
당신이 바뀌지 않으면, 결과도 바뀌지 않는다."

CPC가 약속하는 정보 전달과 필터링 구조

"CPC는 단순한 정보 제공자가 아니다"

많은 곳들이 '정보'를 이야기합니다.
텔레그램 방, 유튜브, 뉴스 채널, 리딩방 등…
하지만 CPC는 처음부터 '정보'를 목표로 하지 않았습니다.
→ 우리가 지향한 것은 단순한 정보가 아니라,
"정보를 해석하고 판단할 수 있게 도와주는 구조"입니다.

정보 전달보다 중요한 '정보 설계'

CPC는 정보를 전달하기 전, 다음 3가지를 먼저 생각합니다.

구 분	설 명
출 처	온체인 근거 / 공식 루트 / 유저 피드백
구 조	단순 호재인지, 진입 시점까지 고려할 수 있는 구조인지
연결성	과거 사례와 비교 가능한가? 리스크 요인은 무엇인가?

→ 단순한 '호재 전달'이 아닌,
"정보 → 구조 → 판단 → 전략"의 흐름으로 설계합니다.

CPC가 운영하는 정보 전달 기준 4단계
1. 사실 검증
- ◆ 온체인, 공시, 백서, 공식 트위터 등 다중 출처 교차 확인
- ◆ 루머나 내부자 주장만 있는 정보는 배제

시장 맥락 정리
- ◆ 이 뉴스가 지금 시장 전체 흐름에서 어떤 의미를 갖는가
- ◆ 기술적 지표·감정 지표와의 상관관계 분석

전략 시나리오 제시
- ◆ 해당 정보를 기준으로 한 시드 분할 전략 제시
- ◆ 단기/중기/장기 구분하여 접근 가능성 안내

정보 해석 훈련 제공
- ◆ 회원에게 '왜' 이 정보가 중요한지 질문 던짐
- ◆ 매수 추천보다 '해석 훈련'을 중심으로 설계

실전 예시 – 뉴스 하나를 어떻게 해석하는가?
뉴스: "이더리움 스팟 ETF, SEC 심사 돌입"

| 일반 반응 | "ETF 나오면 떡상!" → 바로 매수 ‖ CPC 구조 |
    1. 과거 ETF 승인 일정 비교 → 실제 반영 시점 분석
    2. 온체인에서 고래 매집 여부 체크
    3. 시장 반응 예상 시나리오 분기
        → 매수는 언제, 얼마 비중으로? or 관망 전략?
→ 단순 반응이 아니라, **예측 가능한 구조로 해석**

CPC의 사명 선언

"우리는 진짜 정보를 찾는 조직이 아닙니다. 우리는 진짜 정보를 '판단할 수 있게 만드는 구조'를 만드는 조직입니다."

CPC가 정보를 다룰 때
☑ 매수 추천보다
☑ 구조적 해석을 강조하며
☑ 전략 수립까지 가이드를 제시하는 이유입니다.

독자에게 드리는 질문

정보가 넘치는 지금, 당신은 다음 질문에 '혼자서' 답할 수 있습니까?
    ◆ 이 뉴스는 진짜일까?
    ◆ 이 정보는 지금 진입해야 할 이유가 될까?
    ◆ 나는 이 코인을 살 이유를 스스로 말할 수 있을까?
→ CPC는 이 질문에
당신이 '스스로 답할 수 있도록' 돕기 위해 존재합니다.

한 줄 요약

"정보는 누구나 본다. 그러나 구조를 가진 자만이, 정보를 기회로 바꾼다."

판단 기준 없이 진입하는 자는 결국 흔들린다

투자는 결국 '판단의 싸움'이다

많은 초보자들이 묻습니다.

"지금 사도 될까요?"

"이거 괜찮은 건가요?"

"다들 산다는데 저도 들어가야 하나요?"

하지만 이 질문은 거꾸로 말하면,

→ "아직 스스로 판단 기준이 없다"는 고백입니다.

당신의 투자 기준은 무엇인가?

질 문	예	체크
이 코인을 선택한 이유는 무엇인가?	그냥 많이 오른다고 해서	X
지금 진입한 이유는?	상승 뉴스가 나와서	X
언제 나올 것인가?	잘 모르겠지만, 더 오르면…	X
손실이 나면 어떻게 할 건가?	그냥 버텨야죠…	

→ 기준 없는 투자는 감정에 의존하게 되고,
→ 감정에 휘둘리는 투자는 **반드시 흔들린다.**

구조 없이 진입하면, 다음의 루프에 빠진다

1. 정보를 듣고 무작정 진입
2. 가격이 흔들리면 불안
3. 뉴스나 방의 말에 다시 흔들림
4. 손실에 감정적 대응 → 손절
5. 자신감 하락, 다음 기회도 놓침

→ 이 루프를 반복하며 수익이 아닌 피로감만 쌓인다.

CPC 회원 사례 – 구조가 만든 생존의 힘

사 례	구조 없이 진입	구조 학습 후 변화
회원 A	친구 말 듣고 NFT 매수 → 손실	백서 분석 + 커뮤니티 비교 후 판단
회원 B	SNS 루머 보고 단타 → 손절	온체인 데이터로 지갑 매집 확인 후 진입
회원 C	급등 코인 따라 사서 고점 물림	시드 분할 + 손절선 사전 설정

→ 똑같은 시장, 다른 결과.

→ 핵심은 **'판단 기준'의 유무**였다.

CPC의 시선 – 기준을 갖는 사람만이 전략을 가진다
CPC가 강조하는 건 단 하나입니다.
"기준 없는 투자자는 시장에 먹힌다."
그래서 우리는
- 기준을 만드는 방법
- 구조적 판단 훈련
- 감정을 통제하는 시스템을 만들어 왔습니다.

실전용 기준 점검 체크리스트
진입 전, 아래 질문에 'YES'로 대답할 수 있는가?
- 이 코인을 사는 이유를 한 문장으로 설명할 수 있는가?
- 언제 들어가고, 언제 나올지를 대략 정했는가?
- 이 코인의 리스크가 무엇인지 알고 있는가?
- 수익이 나면 얼마에 익절할지, 손실이면 어떻게 대응할지 알고 있는가?

→ 하나라도 NO라면, **지금은 아직 진입 타이밍이 아니다.**

정리하며
초보자가 시장에 들어오는 것은 좋습니다.
하지만 '준비 없는 진입'은
단순한 시작이 아니라 **위험한 도박**이 될 수 있습니다.
CPC는 말합니다. "지금 사도 되나요?"를 묻기보다
"나는 지금 왜 사는가?"를 먼저 물어보라고.

한 줄 요약

"판단 기준 없이 진입하는 사람은, 결국 감정에 흔들린다."

이 책은 그 반복을 멈추기 위한 구조이다

당신은 지금까지 어떤 여정을 걸어왔는가?

많은 사람들이 이렇게 말합니다.

"내가 이 책을 진작에 읽었더라면…"

"이런 구조를 알았더라면, 그렇게 잃지 않았을 텐데…"

하지만 CPC는 말합니다.

당신이 이 책을 지금 읽고 있다는 사실이 '시작'이다.

이제 당신은 더 이상 감정으로만 움직이는 투자자가 아닙니다.

우리는 단순히 '정보'를 주지 않았다

CPC는 이 책을 통해

- ◆ 코인의 본질
- ◆ 용어의 구조
- ◆ 거래의 기술

- ◆ 실수의 패턴
- ◆ 온체인의 힘

판단의 기준을 하나하나 설명했습니다.

이 모든 것은 단 하나의 목적,

→ "반복되는 실패를 멈추는 구조를 만들어주는 것" 때문입니다.

구조는 당신을 지켜주는 방패가 된다

투자는 단순한 '정보 게임'이 아닙니다.

그보다 더 깊은 **'판단 게임'**이며

그 판단을 지지하는 **구조가 있느냐 없느냐**에 따라

결과는 완전히 달라집니다.

CPC는 이제부터 이렇게 말합니다.

- ◆ "정보는 확인하셨나요?"
- ◆ "온체인 기록은 점검하셨나요?"
- ◆ "지갑의 상태는 안전하신가요?"
- ◆ "지금의 진입은 당신 전략 안에 포함되어 있나요?"

→ 이런 질문이 당연해지는 세상,

→ 그게 바로 우리가 만드는 **CPC의 투자 생존 생태계**입니다.

당신의 판단은 이제 구조 안에 있다

이 책의 목적은 지식을 전달하는 것이 아닙니다.

사고의 방향을 틀어주는 것,

그리고 **스스로 판단하는 구조를 가질 수 있게 돕는 것**입니다.

CPC의 선언

우리는 단순한 코인 커뮤니티가 아닙니다.
우리는 구조를 만드는 사람들입니다.
우리는 진짜 정보를 추출하고,
그걸 전달할 수 있는 구조를 만들고,
그 구조 안에서 **함께 살아남을 방법**을 찾습니다.
이제는 혼자 움직이는 시대가 아닙니다.
같이 판단하고, 같이 검증하는 구조가 필요합니다.
그리고 그 구조의 중심에, 당신이 있기를 바랍니다.

독자에게 드리는 마지막 한 마디

이 책을 처음부터 끝까지 읽은 당신은, 이미 다른 사람들과 다릅니다.

- ◆ 당신은 **판단의 틀**을 가졌고,
- ◆ **정보를 보는 눈**을 만들었고,
- ◆ **감정이 아닌 구조로** 시장을 해석할 준비가 되었습니다.

마지막 한 줄 요약

"이 책은 단순한 안내서가 아니다.
당신의 투자 인생을 바꿀 수 있는 ** '구조의 설계도' **다."

초보자에게 적합한
스테이블 + 메이저 코인

이 책은 그 반복을 멈추기 위한 구조이다

초보자는 '안정성'부터 본다

많은 코린이들이 처음 투자를 시작할 때 가장 흔히 하는 실수가 있습니다. "

단기간에 수익이 날 것 같은 알트코인을 고른다."

하지만 초보일수록 가장 먼저 익혀야 할 것은 **빠른 수익**이 아니라 **흔들리지 않는 구조**입니다.

CPC는 말합니다.

처음엔 시장의 흐름을 그대로 따라가야 한다.
왜냐하면 시장은 '메이저 코인' 위에서 돌아가기 때문이다.

메이저 코인은 왜 중요한가?

비트코인(BTC), 이더리움(ETH), 그리고 스테이블 코인들(USDT, USDC 등)은 단지 가격이 크고 유명하다는 이유로 주목받는 것이 아닙니다.

이들은 시장 전체의 심리를 움직이는 **중심축**입니다.

코인명	특 징	초보자 전략
비트코인 (BTC)	디지털 금, 전체 시장의 방향성 판단 기준	장기 보유 추천, 꾸준한 분할매수
이더리움 (ETH)	스마트 계약 플랫폼, 코인 생태계의 중심	메이저 중 유동성 가장 풍부, 생태계 공부용
USDT / USDC (스테이블 코인)	1달러 고정형 코인, 변동성 없음	시드머니 보관용, 하락장 방어용

스테이블 코인, 단순한 '현금'이 아니다

처음엔 스테이블 코인을

"왜 투자 안 되는 걸 보유하죠?" 라고 생각할 수 있습니다.

하지만 스테이블 코인은

시장을 기다릴 수 있게 해주는 무기입니다.

- ◆ 하락장이 왔을 때 가격 변동 없이 대기 가능
- ◆ 급등 기회에 바로 진입할 수 있는 준비자금
- ◆ 디파이, 런치패드 등 다양한 구조에서 기초 자산으로 사용

CPC의 설명

"스테이블 코인은 가만히 있는 자산이 아니라,

움직일 수 있는 자유를 확보하는 자산이다."

실전 투자 예시 (100만 원 기준 포트폴리오)

자산 종류	금 액	구성 이유
BTC	40만 원	장기 기준으로 분할 매수 전략
ETH	30만 원	생태계 흐름과 디앱, NFT 학습
USDT	30만 원	대기 자산 + 디파이, 스테이킹 실험용

→ 초보자는 이 3종만으로도 **충분한 시장 연습**과 구조 학습이 가능합니다.

실전 Q&A

Q. "지금 비트코인을 사면 늦지 않았을까요?"

A. 비트코인은 타이밍보다 '분할 진입'이 중요합니다.

예측보다 **시나리오 매수**를 연습하세요.

Q. "스테이블 코인은 왜 꼭 필요하죠?"

A. 모든 자산이 올라야 할 필요는 없습니다.

안정성을 확보한 자산이 있어야 전략이 완성됩니다.

Q. "이더리움이 너무 비싸 보이는데 괜찮을까요?"

A. 이더리움은 '전체 생태계'의 입구입니다.

가격이 아니라 **구조를 보는 훈련용**으로 적합합니다.

한 줄 요약

"코인의 시작은 빠른 수익보다,

시장 중심의 언어를 익히는 것부터다."

알트 중 실체 있는 생태계 기반 프로젝트

'알트코인'은 기회이자 위험이다

비트코인과 이더리움을 제외한 대부분의 코인은 '알트코인(Alternative Coin)'으로 분류됩니다.
이 안에는 **실제 생태계를 가진 우량 프로젝트도 있고,**
단순 유행이나 테마성으로만 움직이는 단기 코인도 있습니다.
CPC는 초보자에게 추천합니다.
'테마'보다 '기반'을 먼저 보라.

알트코인을 고를 때, CPC의 기준

실체 있는 알트코인은 몇 가지 공통점이 있습니다.

1. 자체 생태계가 존재한다(디앱, NFT, 디파이 등)
2. 파트너십, 유저 기반이 확보되어 있다
3. 온체인 활동과 개발 내역이 계속 이어진다

4. 백서와 로드맵이 실제로 진행 중이다
5. 시장 거래량(유동성)이 충분하다

이 기준은 **코인의 가격**이 아니라,
코인의 '기초 체력'을 보는 기준입니다.

실전 추천 코인 (2025년 기준, 예시용)

코인명	특 징	추천 이유
솔라나 (SOL)	고속 블록체인, NFT 생태계 활발	사용자 기반과 프로젝트 생태계 확장
폴리곤 (MATIC)	이더리움의 확장성 보완	실전 디앱 다수, 낮은 수수료
체인링크 (LINK)	오라클 기능 – 외부 데이터를 온체인 연결	모든 디앱의 핵심 인프라
아발란체 (AVAX)	고성능 블록체인 플랫폼	빠른 거래 속도와 파트너십 증가
리플 (XRP)	글로벌 송금 특화, 기관 결제	비트코인과 다른 유틸리티형 사용처
이뮤터블X (IMX)	NFT/게임파이 특화	NFT 시장 확장과 함께 성장 기대
코스모스 (ATOM)	블록체인 간 연결 플랫폼	멀티체인 인터페이스로 미래 확장성 높음

※ 위 코인들은 모두 "CPC의 판단 기준"을 기반으로 정리된 예시입니다.
절대 매수 추천이 아닌, **학습용 구조 기준**으로 참고해야 합니다.

코린이 투자자의 알트 진입 전략

1. 단기 수익보다 구조 이해가 우선이다

2. **생태계 참여 여부를 체크하라**(디앱, NFT, 지갑 등)
   3. **온체인 활동을 직접 조회해 보라**(개발 내역, 거래 흐름)
   4. **코인 하나를 깊게 이해하면, 열 개의 루머를 거를 수 있다**

실전 Q&A

Q. "SOL이 좋다고 들었는데, 지금 사도 되나요?"

A. 가격보다 먼저 확인해야 할 것:
- ◆ 지금은 기술 개발이 활발한가?
- ◆ 디앱 생태계는 살아있는가?
- ◆ 온체인 트랜잭션은 증가하고 있는가?

→ '지금 사도 되냐'보다 '왜 이걸 보유해야 하나'를 먼저 판단하세요.

Q. "기술은 모르겠고 그냥 차트만 보면 안 되나요?"

A. 차트는 과거를 보여줍니다.
기술과 구조는 미래를 가늠하게 해줍니다.

한 줄 요약

"좋은 알트코인은
'지금'보다는 '앞으로'에 대한 이유를 보여준다."

추천 기준: 유동성, 파트너십, 백서, 시총 + 시드 분할 전략 TIP

좋은 코인을 고르는 'CPC 기준 4가지'

단순히 '이 코인이 좋다더라'가 아니라,
투자 전 반드시 점검해야 할 핵심 기준 4가지를 소개합니다.

O 1. 유동성 (Liquidity)

: 거래량이 충분한가?

- ◆ 유동성은 '코인을 사고팔기 쉬운가'를 판단하는 핵심 기준입니다.
- ◆ 유동성이 낮으면 소량의 거래에도 가격이 크게 움직이고, 시세가 급변하거나 '팔고 싶어도 못 파는' 상황이 벌어질 수 있습니다.

체크법:

- ◆ 하루 거래량이 일정 수준 이상인지 (거래소 기준 100억 원 이상 권장)

◆ 거래소에 상장된 마켓이 다양한지 (KRW, BTC, USDT 마켓 등)

○ **2. 파트너십 (Partnership & Ecosystem)**

: 누구와 연결되어 있는가?

◆ 해당 프로젝트가 **어떤 기업, 플랫폼, 생태계와 연결되어 있는지**는 신뢰성과 성장 가능성을 판단하는 데 매우 중요합니다.

체크법:

◆ 백서나 공식 홈페이지에서 파트너십 목록 확인
◆ 실제 온체인 활동이나 공동 이벤트 이력 확인

○ **3. 백서와 로드맵 (Whitepaper & Roadmap)**

: 방향성과 실행력이 있는가?

◆ 단순한 '비전' 보다 실제로 어떻게 구현되는지의 로드맵이 핵심입니다.
◆ 백서는 프로젝트의 철학, 구조, 수익모델, 토큰 배분을 모두 포함한 설계도입니다.

체크법 :

◆ 백서에 수익 구조와 사용자 확보 전략이 명시되어 있는가
◆ 로드맵 상에서 현재까지의 달성률은 얼마나 되는가

○ **4. 시가총액과 성장 여력 (Market Cap & Potential)**

: 이미 오른 코인인가, 아직 성장 여력이 있는가?

◆ 시총은 코인의 '전체 평가가치' 입니다.
◆ 시총이 너무 작으면 위험하지만, 너무 크면 성장률이 낮을 수 있

습니다.

체크법 :

- ◆ 현재 시총이 1,000억~1조 원 사이인 중형급 프로젝트는 향후 성장 여력과 안정성의 균형이 좋습니다.
- ◆ 상위 100위권 이내의 프로젝트부터 선별하는 것이 안정적입니다.

시드머니 분할 전략 - CPC 기본 모델

초보자들이 자주 묻습니다.

"시드가 100만 원이라면 어떻게 나눠야 할까요?"

CPC는 다음과 같은 '3분할 전략'을 추천합니다.

구 분	비율	설 명
안정성 구간	50%	BTC/ETH 중심. 장기 보유 또는 분할 매수.
기회 구간	30%	알트코인 (SOL, MATIC 등) - 생태계 기반.
실험 구간	20%	NFT, 런치패드 등 - 학습 목적의 실전 경험.

실전 TIP - 이 분할 전략은 이렇게 응용할 수 있다

- ◆ 시장 하락기: 안정성 구간 비율↑
- ◆ 시장 상승기: 기회 구간·실험 구간 비율↑ (단, 감정 대신 전략 기준)
- ◆ 중요한 건 **비율을 지키며 투자 흐름을 구조화하는 습관**입니다.

실전 Q&A

Q. "이 전략으로 꼭 수익이 나나요?"

A. 보장된 수익은 없습니다.

하지만 구조화된 포트폴리오는 손실을 줄이고,
심리적으로 흔들리지 않게 도와줍니다.

Q. "상승장엔 몰빵이 더 낫지 않나요?"
A. 상승장은 끝이 보이지 않을 때 시작되고,
항상 '반복되는 조정'으로 끝납니다.
몰빵은 수익을 키울 수 있지만, 생존률은 낮춥니다.

한 줄 요약
"분할은 겁이 많은 게 아니라, 살아남을 줄 아는 사람의 전략이다."

투자 성향 자가 진단
+ 실전 체크리스트

당신의 투자 성향은 어떤가?
- 자가 테스트

왜 투자 성향 진단이 중요한가?
많은 초보자들은 시장에 들어오자마자 묻습니다.
"어떤 코인이 좋아요?"
"지금 사도 될까요?"
"이게 오를까요, 내릴까요?"
하지만 그 질문보다 더 먼저 해야 할 것은
"나는 어떤 투자자인가?"를 아는 것입니다.
투자는 정보보다 '성향'이 전략을 결정합니다.
같은 코인을 사도 누구는 조급하게 팔고,
누구는 끝까지 버티며 수익을 냅니다.
차이는 '마음가짐'에서 시작되고, '성향 구조'로 완성됩니다.

CPC 자가 진단표 - 10가지 질문

다음 문항 중, 자신에게 해당하는 것을 체크해보세요.
아래 점수 계산법을 통해 당신의 투자 성향을 분석할 수 있습니다.

번호	질문	체크(V)
1	수익률이 -5%만 돼도 마음이 불안해진다.	
2	평소에도 결정을 빠르게 내리는 편이다.	
3	정보가 많아질수록 오히려 더 헷갈린다.	
4	리딩방이나 유튜브의 의견을 신뢰하는 편이다.	
5	한 번 손실을 보면 그 코인을 다시 보기도 싫다.	
6	코인을 살 때, 대부분 한 번에 몰아서 매수한다.	
7	차트를 보는 것보다, 누가 추천했는지가 더 중요하다.	
8	상승장에선 무조건 진입하고 봐야 한다고 생각한다.	
9	여러 코인을 나누어 투자하는 것이 오히려 어렵게 느껴진다.	
10	투자는 재빠르게 움직여야 한다고 믿는다.	

결과 분석 - 당신의 투자 성향은?

0~3개 체크

◆ 구조형 투자자
→ 감정보다는 구조를 우선시하는 타입입니다.
→ 코인 시장에서 꾸준히 살아남을 확률이 높습니다.

4~6개 체크

◆ 혼합형 투자자
→ 전략과 감정이 혼재되어 있습니다.

→ 기본 구조를 익히면 더 나은 성과를 기대할 수 있습니다.

7개 이상 체크

- ◆ 감정형 투자자
    - → 정보보다 감정이 먼저 움직이는 스타일입니다.
    - → 반드시 투자 기준표와 사고 구조 훈련이 필요합니다.

CPC의 제안 - 성향별 접근 전략

성 향	특 징	추천 전략
구조형	침착함, 분석 위주	온체인 분석, 포트폴리오 재구성 추천
혼합형	조급함+이성 공존	반복 기록 훈련, 작은 실전부터 확장
감정형	흔들림 많음	절대 몰빵 금지, 구조 연습 우선, 질문 노트 작성 필수

실전 TIP - 성향은 바꿀 수 있다

처음부터 잘하는 사람은 없습니다.

'기록 → 점검 → 수정'이라는 반복 훈련만이

당신의 투자 성향을

조급 → 침착

충동 → 전략

모방 → 구조

로 바꿀 수 있게 합니다.

한 줄 요약

"당신이 누구인지 알면, 당신에게 맞는 투자가 보인다."

실전 체크리스트 :
투자 전 반드시 점검할 것들

왜 '체크리스트'가 필요한가?

초보 투자자의 대부분은 **"한 번쯤은 해봤던 실수"**를 반복합니다. 몰빵, 루머 진입, 지갑 오류, 감정 매매…

이런 실수를 막는 가장 강력한 무기는

'기억'이 아니라 '기록'입니다.

CPC는 단순한 정보 제공이 아니라

투자자가 스스로 사고하고 준비할 수 있도록

체계적인 '사전 점검 시스템'을 제공합니다.

CPC 실전 투자 체크리스트 (최종 점검 12단계)

항목	질문	내 점검
1	이 코인을 알게 된 경로는 신뢰 가능한가?	
2	백서를 읽어보았는가? 핵심 구조가 이해되는가?	
3	팀, 개발자, 투자자 정보가 공개되어 있는가?	
4	현재 시점은 기술적 분석상 진입 구간인가?	
5	커뮤니티 활동, SNS 반응은 정상적으로 활발한가?	
6	주요 거래소에 상장돼 있는가? 유동성은 충분한가?	
7	코인의 총 발행량과 락업 구조를 확인했는가?	
8	스마트 계약 주소를 온체인에서 검증했는가?	
9	이 코인에 진입한 이유를 한 문장으로 설명할 수 있는가?	
10	전체 시드에서 어느 정도 비율로 투자할 것인가?	
11	매도 기준(익절/손절)은 사전에 정해져 있는가?	

점검 방법

- ◆ 9개 이상 체크됐다면:→ **구조적 진입 가능.**
  판단력 있는 투자자로 분류
- ◆ 6~8개 체크:→ **부분 보완 필요.**
  리스크가 존재하나 훈련 중
- ◆ 5개 이하:→ **진입 보류 권장.**
  구조와 기준이 없는 상태

실전 예시 - 체크리스트 적용 전과 후

→ 결과: 같은 코인을 사고도 손익 차이는 5배 이상 발생

구 분	적용 전	적용 후
진입 기준	유튜브에서 '상장 임박' 정보 확인	공식 백서 + 온체인 지갑 분석 완료
투자 비율	감으로 전액 매수	시드머니 20%만 분할 진입
매도 전략	없음 → 급등 시 전량 매도	목표가/손절가 설정 후 익절/보유 판단

CPC의 안내

CPC는 이 체크리스트를
모든 투자자의 '기본 점검표'로 제공합니다.
이는 수익보다 '생존'을 위한 구조입니다.
투자를 한 번 더 미루더라도,
이 12가지를 모두 점검한 후에 진입하는 것만으로
실패 확률은 절반 이상 줄어듭니다.

한 줄 요약

"기회는 찾아야 하지만, 생존은 '점검'에서 시작된다."

감정, 리스크, 구조를 점검하는 마지막 연습

투자의 핵심은 '돈'이 아니라 '감정'이다

대부분의 투자 실패는 차트나 정보 부족이 아니라,
'감정 컨트롤 실패'에서 시작됩니다.

- ◆ 급등 뉴스에 충동 매수
- ◆ 손실 공포에 패닉 매도
- ◆ 다른 사람 수익에 질투 → 무리한 진입
- ◆ 손해 본 상태에서 '복구 심리'로 더 베팅

이런 흐름은 실력이 아닌 **'반응'으로 움직이는 투자자**의 전형입니다.
CPC는 이 감정 구조를 읽고, 그것을 다루는 훈련을 안내합니다.

CPC 감정 점검 시트 – 나의 투자 감정은 지금 어떤가?

항목	질 문	내 상태
1	지금 이 투자를 하려는 이유가 '두려움'은 아닌가?	
2	다른 사람의 수익이 나의 결정에 영향을 미쳤는가?	
3	과거 손실을 복구하려는 감정이 개입돼 있진 않은가?	
4	'지금 안 사면 기회를 놓칠 것 같다'는 조급함이 있는가?	
5	감정이 아닌 구조로, 이 투자를 설명할 수 있는가?	

→ 3개 이상 '예'라면, **지금은 진입보다 재정비가 필요한 시점**입니다.

리스크 관리 체크 – 가장 중요한 것은 '살아남는 것'

투자자라면 반드시 스스로에게 물어야 할 질문입니다.

○ 이 투자로 전 재산을 잃을 가능성은 있는가?

→ 그렇다면 **절대 진입하지 말 것**

○ 이 코인이 50% 하락해도 나는 감당 가능한가?

→ 아니오라면 **투자 비중을 줄일 것**

○ 잠이 올 정도로 불안한가?

→ 그렇다면 **계획이 없거나 구조가 불안정한 상태**

○ 익절/손절 계획이 없는가?

→ 그렇다면 **'도박'과 다를 게 없는 상황**

마지막 확인 – 구조가 나를 살린다

CPC의 원칙은 단순합니다.

"감정은 흔들리지만, 구조는 살아남는다."

아무리 좋은 정보도,

아무리 수익률 높은 종목도 감정에 휘둘리면 무의미합니다.

당신이 지금 판단하고 있다면,
CPC가 제공한 이 **구조와 기준**을
단 한 번이라도 다시 떠올려보시기 바랍니다.

실전 연습 마무리 - 나만의 투자 일지 작성 시작하기
마지막으로, CPC는 다음 두 가지 실전 도구를 제공합니다.

1. 투자 저널
- ◆ 오늘 어떤 코인을 어떤 이유로 샀는가?
- ◆ 매수 가격, 이유, 감정 상태는 어떤가?
- ◆ 결과는 어땠고, 어떤 교훈이 있었는가?

나만의 체크리스트 정리
- ◆ 위의 감정/구조/리스크 체크 항목을
  매 거래 전 직접 손으로 써보며 적용해보세요.

한 줄 요약
"투자는 선택의 반복이 아니라,
구조와 감정을 점검하는 '기술'이다."

코인 용어 해설 사전 (실전 중심 정리)

용어	의미	핵심 설명
비트코인 (BTC)	최초의 암호화폐	중앙 없이 신뢰 가능하도록 만든 디지털 금
이더리움 (ETH)	스마트 계약 플랫폼	디앱, NFT, 디파이 생태계의 기반
알트코인	비트·이더리움 외 모든 코인	다양하나 리스크 높음, 선별 필요
디파이 (DeFi)	탈중앙 금융	은행 없이 대출·예금·스왑 가능
스테이킹	코인을 예치하고 보상 받는 구조	락업 조건 주의 필요
메타마스크	개인 지갑 앱	코인·NFT 전송, 디앱 접속 핵심 툴
백서 (Whitepaper)	프로젝트 공식 문서	수익구조, 목표, 팀 구성 확인 필수
온체인	블록체인 상 기록	조작 불가, 진짜 데이터
런치패드	신규 코인 사전 참여 플랫폼	초기 진입 기회, 구조 확인 필수
NFT	디지털 자산의 고유 인증	그림이 아닌 '소유권'의 기술
DAO	탈중앙 조직	코인 지분으로 운영에 참여 가능

온체인 조회 툴 가이드

툴 명	기 능	링크 / 설명
Etherscan	이더리움 기반 모든 거래·지갑 조회	https://etherscan.io
Solscan	솔라나 기반 온체인 정보	https://solscan.io
BscScan	바이낸스체인 전용 조회	https://bscscan.com
Nansen	지갑 활동 추적, 고래 매집 확인	유료 기능 있음
Dune	온체인 데이터 시각화	SQL 기반, 무료 대시보드 가능

활용 팁
→ 프로젝트 주소 입력 → 팀 지갑, 락업 여부, NFT 판매량 등 검증
→ '이야기'보다 '기록'을 보라

실전 투자 노트 양식 (PDF로 제공 가능)
매수일:

코인명:

매수 가격:

진입 이유:

진입 전 구조 분석 (백서/커뮤니티/온체인 확인 등):

지지선/저항선 기준:

목표가:

손절가:

감정 상태:

실현 손익:리

뷰 및 교훈:
→ 이 양식을 거래마다 반복할 것.
→ 반복이 구조를 만들고, 구조가 생존을 만든다

CPC 회원용 실전 체크리스트
거래 전 자가 점검
☐ 이 프로젝트는 백서에서 수익 구조가 설명되어 있는가?
☐ 팀 지갑 및 락업 조건이 온체인에서 확인되는가?
☐ '이 코인을 사야 하는 이유'를 스스로 설명할 수 있는가?
☐ 매수·매도 기준이 사전에 정해져 있는가?
☐ 감정이 아닌 구조로 이 거래를 판단했는가?

진입 후 점검
☐ 평균단가 확인 ☐ 손익 계산 시 수수료 포함 여부
☐ 계획한 매도 전략 유지 중인가?
☐ 포트폴리오 내 비중은 적절한가?
☐ 추가 진입 또는 손절 기준은 설정되어 있는가?

법적 고지사항
이 책은 코인 투자에 입문하는 독자를 위한 정보 제공용 가이드북입니다.

투자 판단은 전적으로 독자의 책임이며,
CPC는 법적 투자 권유를 하지 않습니다.
모든 정보는 참고용이며,
시장 변동성 또는 개인 상황에 따라 수익/손실이 발생할 수 있습니다.

최종 의사결정은 본인의 판단과 분석에 의해 이뤄져야 하며,
CPC는 특정 코인의 매수/매도 추천을 하지 않습니다.

에필로그

당신의 여정은 이제 막 시작됐다.

이 책이 단지 정보 나열이 아닌,
'판단의 지도'가 되어주길 바란다.
당신이 오늘 어떤 이유로 이 책을 집었든,
지금 이 순간부터는 **"막연한 감"이 아닌, "확실한 구조"**로 투자 세계
를 바라볼 수 있을 것이다.
CPC는 단순한 안내자가 아니다.
당신과 함께 돛을 올리고, 바다를 건너는 **항해사**이다.
우리는 이 시장에서 다음과 같은 세 가지 약속을 드린다.

1. 정보보다 **판단의 구조**를 먼저 전하겠습니다.
2. 단기 유행보다 **지속 가능한 전략**을 우선하겠습니다.
3. 혼자 맞히는 시장이 아니라, **함께 판단하는 공간**을 만들겠습니다.
세상의 정보는 너무 많고,
진짜는 너무 적습니다.
CPC는 그 진짜를 찾고,
지키고,
함께 나누겠습니다.